KB027779

말하기가 10배 빨라지는
10
배속
영어회화

초판 인쇄일 2018년 8월 17일
초판 발행일 2018년 8월 24일
2쇄 발행일 2019년 6월 14일

지은이 프라우드 출판 편집부
옮긴이 권우현
발행인 박정모
등록번호 제9-295호
발행처 도서출판 혜지원
주소 (10881) 경기도 파주시 회동길 445-4(문발동 638) 302호
전화 031) 955-9221~5 팩스 031) 955-9220
홈페이지 www.hyejiwon.co.kr

기획 박혜지
진행 박혜지, 박민혁
디자인 조수안
영업마케팅 김남권, 황대일, 서지영
ISBN 978-89-8379-968-5
정가 10,000원

이 도서의 국립중앙도서관 출판예정도서목록(CIP)은 서지정보유통지원시스템 홈페이지(http://seoji.nl.go.kr)와 국가자료공동목록시스템(http://www.nl.go.kr/kolisnet)에서 이용하실 수 있습니다.(CIP제어번호: CIP2018023959)

말하기가 10배 빨라지는

10 배속

영어회화

혜지원

이 책의 구성

❶ 20개의 대주제

이 책은 20개의 대주제로 이루어져 있으며, 독자가 짧은 시간에 영어를 유창하게 말할 수 있게 도와줄 거예요. 실생활에서 있을 법한 여러 상황을 이해하기 쉽고 재미있게 구성했어요.

PART 02

작별 인사
SAYING GOOD-BYE

❷ 170개의 소주제

20개의 대주제는 다시 170개의 소주제로 나누어 담았어요. 일상회화에 기초한 내용을 통해 쉽게 생활 영어를 배울 수 있을 거예요!

PART 07

사과
SAYING SORRY

❸ 그림을 통한 학습

모든 내용은 「그림」+「문자」의 형태로 기억하는 방식을 사용했어요. 이를 통해 쉽게 학습하고, 즐거운 분위기에서 공부할 수 있도록 하였습니다.

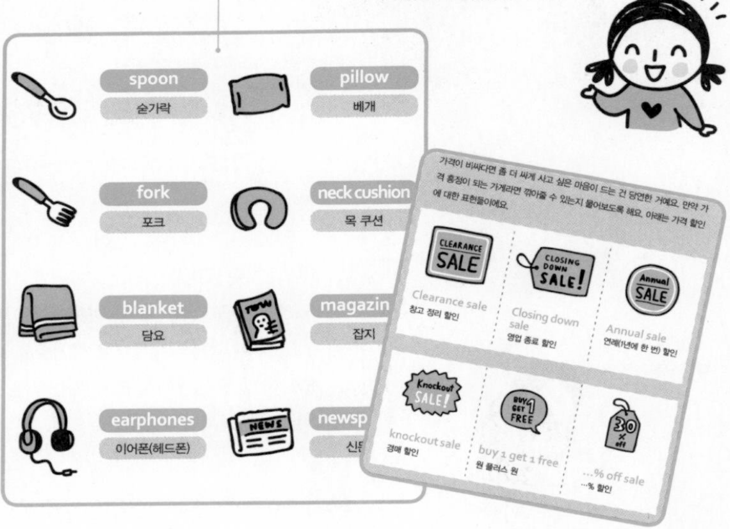

이 책의 구성

❹ Memo를 통한 추가 힌트

독자가 헷갈리기 쉬운 문법이나 용법은 Memo를 통해 쉽고 정확하게 학습하도록 도움을 줍니다.

Memo

영어에서 화장실을 뜻하는 단어는 bathroom, restroom, toilet 등으로 굉장히 많습니다. 상황에 맞게 단어를 선택해서 사용하세요. 비행기나 대중교통에 설치된 화장실을 말할 때는 주로 lavatory라는 단어를 사용합니다.

❺ 다양한 표현

우리말과 영어에는 표현 방식에 차이가 있어요. 이 책은 자유자재로 영어를 쓸 수 있도록 같은 상황에서 쓸 수 있는 다양한 영어 표현을 다루고 있어요.

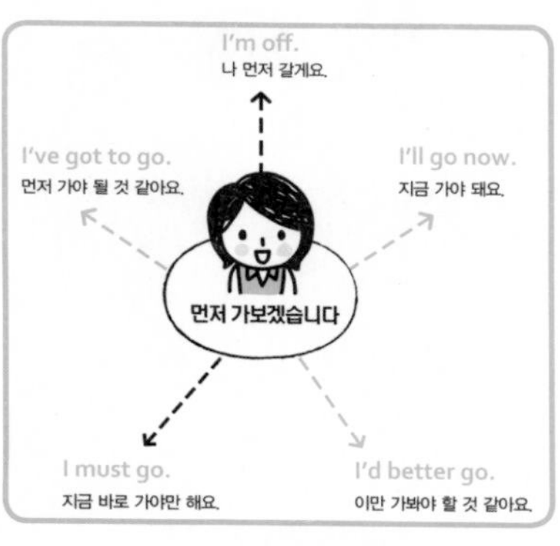

❻ 패턴을 통째로 학습

영어 문장은 마술과 같아요. 하나의 패턴을 관련된 단어와 함께 제대로 배우면 수백 가지의 영어회화를 배우는 것과 같기 때문이죠!

❼ 무료 MP3

MP3 01-01

이 책은 언제든지 휴대하며 들을 수 있도록 MP3 파일을 무료로 제공합니다. 반복해서 들으며 듣기 능력을 기르고, 따라 말하며 말하기 능력을 길러보세요.

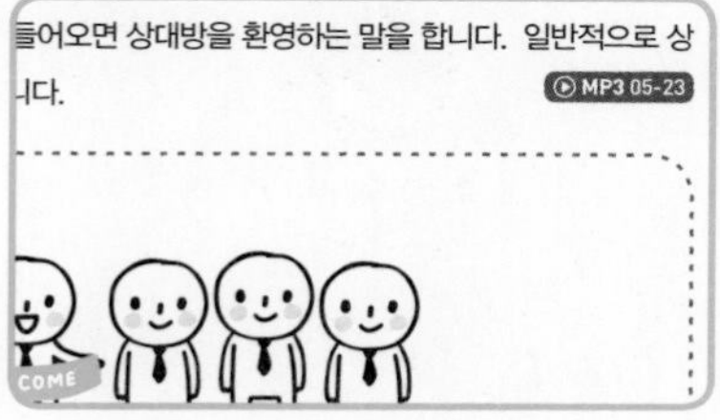

MP3 다운로드 방법

MP3 파일은 혜지원 홈페이지(http://www.hyejiwon.co.kr)에서 다운로드 받으실 수 있습니다.

들어가는 말

어려서부터 영어를 배우지만 제대로 된 말 한마디 못 하는 사람들이 많습니다. 그 원인은 부족한 자신감도 있지만 배우는 영어가 일상생활과 관련이 적은 데서 찾을 수 있습니다.

사람은 저마다 다른 목적을 가지고 영어를 배웁니다. 아름다운 말과 문장으로 다른 사람에게 감동을 주기 위해 배우는 사람이 있고, 정확한 영어 문법을 구사하기 위해 배우는 사람이 있으며, 독해 능력을 중시해 문장이 담고 있는 숨은 뜻을 찾으려는 사람도 있습니다.

이 책은 외국인들이 일상생활에서 사용하는 모습을 20개의 대주제로 나누고 170개의 소주제로 세분화했습니다. 「그림」 + 「문자」로 배우는 개념을 도입하여 이해도를 높이고 학습에 필요한 시간을 줄였습니다. 인간의 뇌는 빠른 속도로 많은 내용을 기억할 수 있는 능력이 있으므로 「그림」과 함께 더욱 기억하기 쉽도록 책을 구성했습니다! 단순히 반복해서 학습서를 읽기만 하는 당신에게 영어회화 학습의 올바른 길을 제시하려 합니다!

이 책에서 배우게 될 내용에 그치지 않고 보다 다양하고 넓은 지식을 탐구하는 사람이 되길 기원합니다. 영어는 무한한 학문입니다. 끊임없이 학습하고 더 넓고 깊은 지혜를 함양하길 바랍니다. 우선 필요한 부분을 학습하십시오. 이 책은 당신이 영어회화를 쉽고 빠르게 배울 수 있도록 도와줄 것입니다!

목차

PART 01 인사

PART 02 작별 인사

PART 03 자기소개

PART 04 다른 사람 소개하기

PART 05 환영하기

PART 06 감사

PART 07 사과

PART 08 날짜와 시간

PART 09 쇼핑

PART 10 음식 주문하기

PART 11 일상 교통수단

PART 12 비행기 타기

PART 13 길 물어보기

PART 14 약속

PART 15 전화 통화

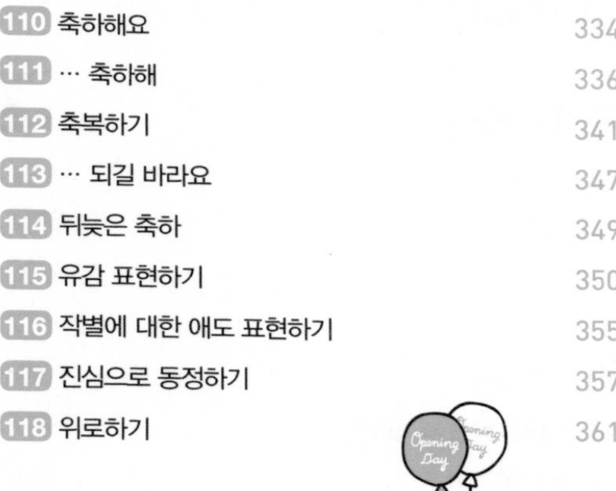

PART 16 축하, 덕담, 위로, 격려

PART 17 연애

PART 18 의견과 느낌

PART 19 질병과 치료

PART 20 자주 쓰는 문장과 표현

인사
GREETINGS

MP3 01-01

안녕하세요(모든 사람에게)

'안녕하세요'는 상대방이 누구든 나이가 몇 살이건 관계없이 모두 사용할 수 있는 가장 예의 바른 표현입니다. 다음 예시를 보세요. 단, 시점에 주의해야 합니다. 왜냐하면 영어에는 시간대에 따라 다른 표현을 사용하기 때문이죠!

아침 인사(오전 8시부터 정오까지)

Good morning.

점심 인사(정오부터 오후 5시까지)

Good afternoon.

저녁 인사(오후 5시 이후)

Good evening.

상대방의 이름을 알고 있다면 문장 뒤에 상대방의 이름을 붙여도 됩니다. 상대방이 남자라면 Mr.(Mister)를 사용하고 상대방이 여자라면 결혼 여부와 관계없이 Ms를 사용하세요.

Good morning, Kate.

안녕하세요, Kate(아침 인사).

Good afternoon, Mr. Frank.

안녕하세요, Frank 씨(점심 인사).

Good Evening, Ms Ann.

안녕하세요, Ann 씨(저녁 인사).

안녕하세요(지인에게)

MP3 01-02

이번에는 상대방이 친구처럼 매우 가까운 사람일 경우입니다. 평소에 편하게 인사하는 표현을 알아봅시다.

같은 뜻이며, 문장의 뒤나 앞에 상대방의 이름을 넣을 수도 있습니다.

그리고 인사를 받는 사람은 상대방과 같은 말로 응답할 수 있습니다.

03 잘 지냈어요?

상대방의 근황을 물어볼 때 자주 쓰는 문장들이 있습니다. '요즘 어떻게 지내?'라고 말하는 것처럼 영어에도 자주 보이는 문장들은 다음과 같습니다.

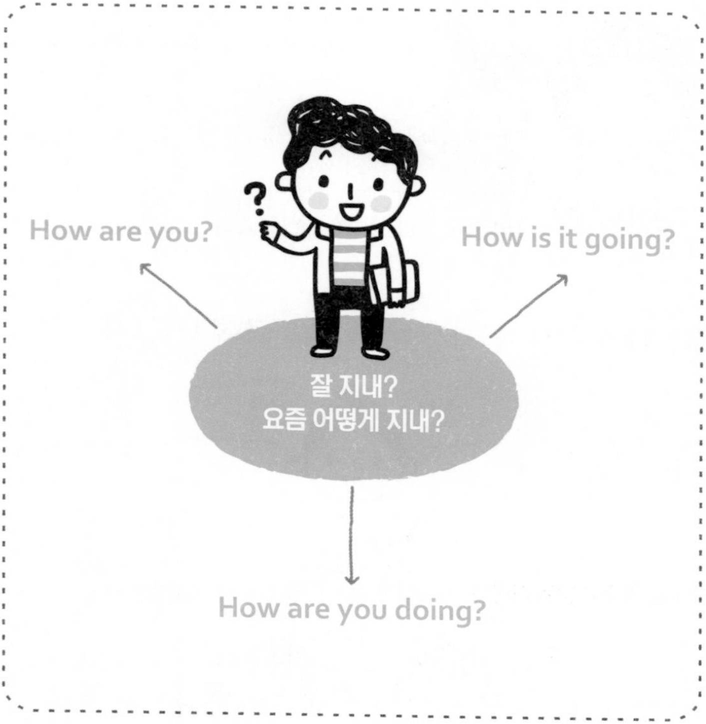

How are you?

How is it going?

잘 지내?
요즘 어떻게 지내?

How are you doing?

'나는 잘 지내'라고 대답할 경우 아래 표현 중 골라서 사용하면 됩니다.

만약 그저 그렇거나 좋지 않을 경우 이렇게 대답하면 돼요.

04 오랜만이야

어느 날 우연히 옛 친구를 보게 될 경우 어떻게 인사를 해야 좋을까요?

How have you been?
어떻게 지냈어?

Where have you been?
어디 갔었어?

오랜만이야

인사를 마친 후 인사를 받은 사람은 일반적으로 '오랜만이야!'로 답합니다. 영어도 우리말과 같아요. 아래의 문장들을 사용할 수 있습니다.

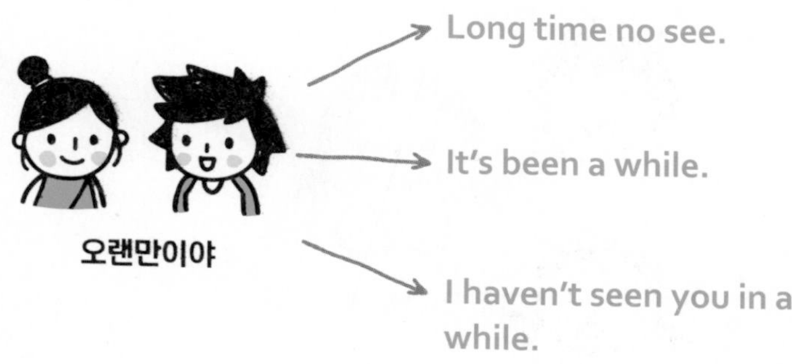

MP3 01-05

05 처음 뵙겠습니다 / 만나서 정말 반가워요

어떤 사람을 처음 알게 되었을 때, 가장 예의 바른 인사 방법입니다. 다음의 문장을 사용해보세요.

이 문장은 인사를 하는데 쓰는 것이지 상대방의 상태에 대해 묻는 것이 아니에요. 그러니 처음 만난 사람이 이 문장으로 인사를 하면 그저 같은 문장인 How do you do로 대답하면 됩니다. 예를 들어볼까요?

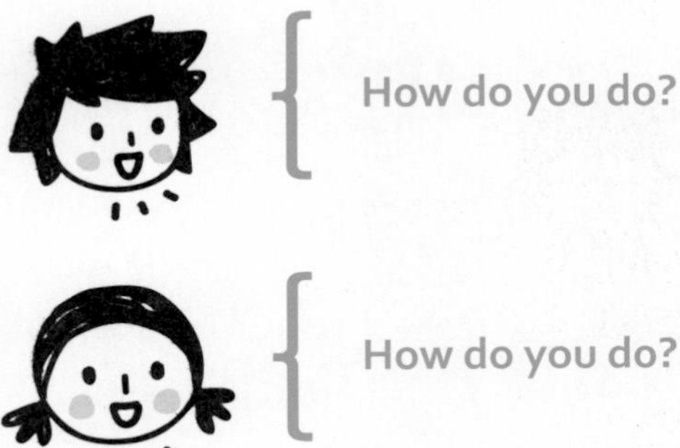

만나서 정말 반갑습니다

How do you do?로 인사한 다음 받을 수 있는 다른 말은 '만나서 반갑습니다'입니다. 영어에 정말 많은 표현이 있는데 아래 세 가지가 가장 자주 쓰이는 표현입니다.

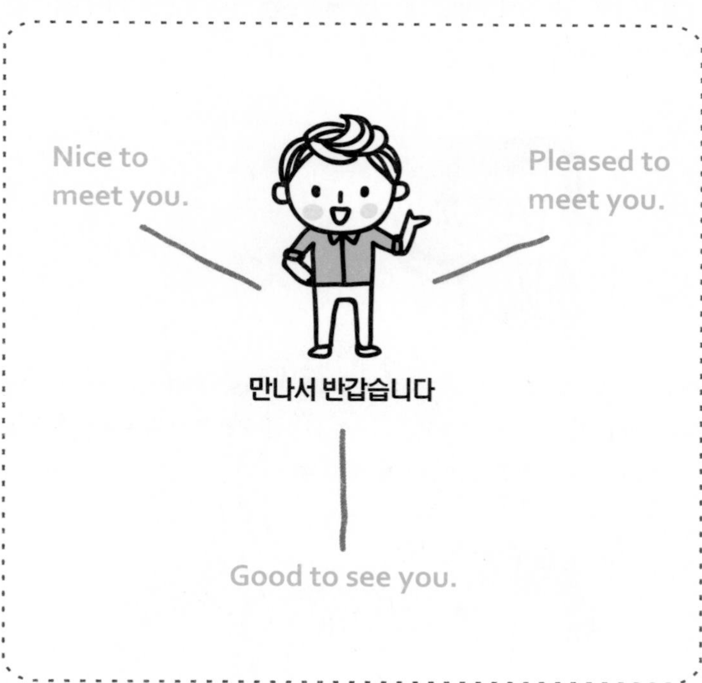

작별 인사
SAYING GOOD-BYE

06 먼저 가보겠습니다

일반적으로 우리는 '바이바이' 혹은 '또 봐요'라고 말하기 전에 이별을 고하는 말을 합니다.

I'm off.
나 먼저 갈게요.

I've got to go.
먼저 가야 될 것 같아요.

I'll go now.
지금 가야 돼요.

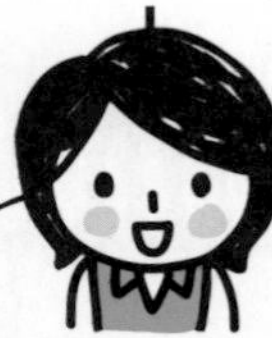

먼저 가보겠습니다

I must go.
지금 바로 가야만 해요.

I'd better go.
이만 가봐야 할 것 같아요.

어디를 가거나 무슨 일을 해야 할 경우 문장 뒤에 갈 곳이나 할 일을 더해 말해 보세요.

I'm off to sleep.
먼저 잘게요.

I'll go to the party now.
난 지금 파티에 가요.

I'd better go home.
집에 가는 게 좋겠어요.

I must go to the meeting.
나는 회의를 하러 가야 해요.

I've got to go to school.
학교에 가봐야겠어요.

07 다음에 봐요

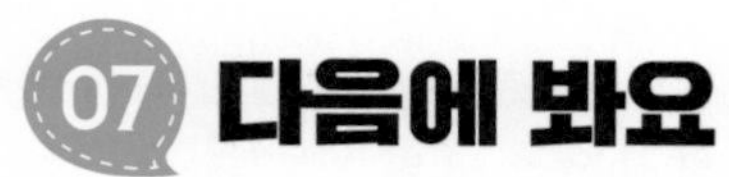

MP3 02-07

앞에서 말한 작별 인사 이외에도 '다음에 봐요'의 의미를 가진 작별 인사가 있습니다.

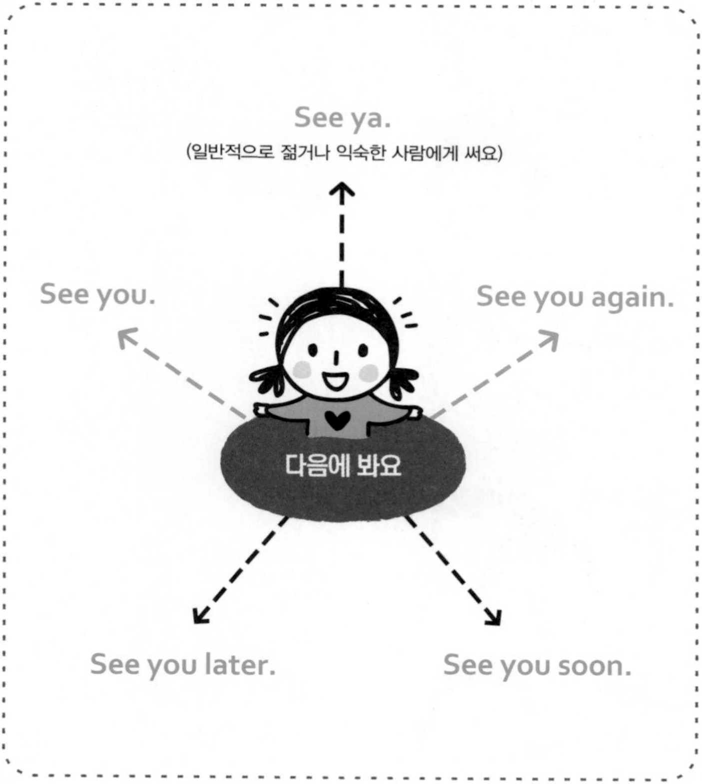

See ya.
(일반적으로 젊거나 익숙한 사람에게 써요)
See you.
See you again.
다음에 봐요
See you later.
See you soon.

다음에 언제 만날지 아는 경우 문장 바로 뒤에 시간이나 날짜를 더할 수 있어요.

See you on Friday.
금요일에 봐요.

See you on Wednesday.
수요일에 봐요.

만나는 날이 다음 주 중이라면 on을 next로 바꿔요.

See you next Saturday.

다음 주 토요일에 봐요.

See you next Monday.

다음 주 월요일에 봐요.

See you next week.

다음 주에 봐요.

상대방도 같은 말로 응답할 수 있어요.

See you again.
다음에 봐요.

See you later.
다음에 봐요.

더 간단하게 말할 수도 있어요.

 내 생각하는 거 잊지 말아요

헤어진 후에는 다들 보고 싶을 거예요. 영어에도 그리움을 표현하는 표현들이 있어요.

MP3 02-08

I'll be thinking of you.
당신 생각이 날 거예요.

I miss you already.
벌써부터 보고 싶어요.

Would you think of me?
내 생각 할 거지요?

Please don't forget about me.
나를 잊지 마세요.

Would you think of me?라고 했을 때 상대방이 긍정적인 말투로 I would라고 한다면 긍정적인 답변이에요.

바로 대답하기 부끄럽다면 I guess라고 돌려서 말해보는 것도 괜찮아요.

PART 02 작별인사

09 시간 나면 연락해요

MP3 02-09

헤어진 후에 감감무소식이라면 답답하겠죠. 틈나는 대로 전화도 하며 좋은 관계를 이어가세요. 아래의 표현들로 상대방에게 연락하자는 말을 할 수 있습니다.

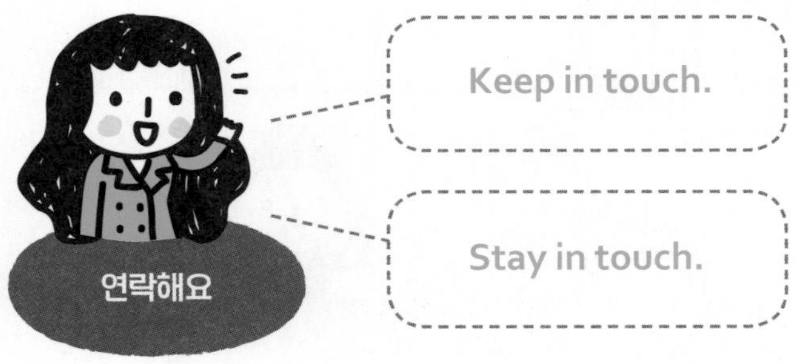

Don't forget to call me.
전화하는 거 잊지 마세요.

Don't forget to email me.
메일 보내는 거 잊지 마세요.

헤어지기 전에 하는 말

MP3 02-10

작별 인사를 하기 전에 꼭 해야 하는 말은 바로 상대방이 잘 지내거나 잘 되길 빌어주는 겁니다. 아래 표현들이 영어에서 가장 자주 쓰입니다.

행운을 빌어요

'행운을 빌어요'는 국적을 막론하고 작별 인사를 할 때 사용하는 가장 간단하면서도 일반적인 표현입니다.

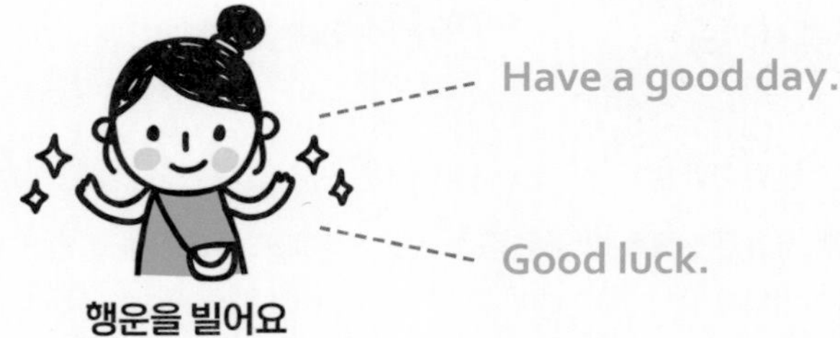

잘 지내요

아래와 같이 간단한 말들로 관심과 호의를 표현할 수 있어요.

조심해서 가요

서로 각자의 집으로 헤어질 때, 조심해서 가라고 하는 표현을 알아볼게요.

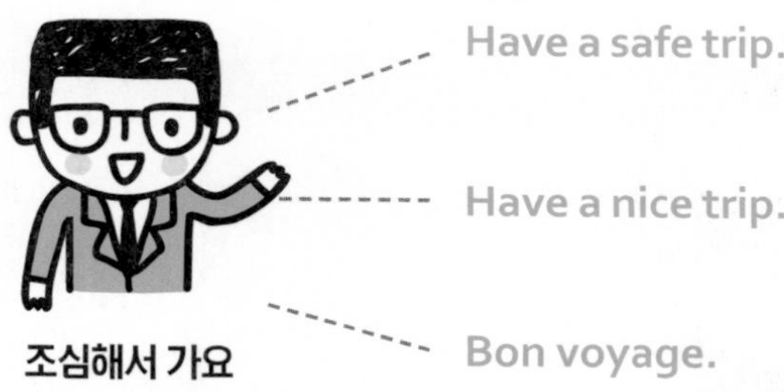

헤어지는데, 차를 운전해서 갈 경우 종종 '운전 조심해요'라고 말해요. 영어에서도 이렇게 말합니다.

안녕

헤어질 때 하는 가장 간단한 작별 인사는 이렇게 말합니다.

인사를 주고받는 사람 모두 같은 말로 작별 인사를 해요.

운전 조심해요
Bye, Ann.
Drive safely.
안녕 Ann.
운전 조심해요.
Bye, Tony.
You too.
안녕 Tony.
너도.

자기소개
GETTING TO KNOW EACH OTHER

11 이름이 뭐예요?

MP3 03-11

새로운 친구를 사귈 때 반드시 알아야 할 것은 상대방의 이름입니다. 아래의 표현들을 상황에 따라 사용해보세요.

질문을 받으면 아래의 표현들로 자신의 이름을 답하면 됩니다.

What's your name?
이름이 뭐예요?

My name is Billy.
내 이름은 Billy예요.

I am Paula.
Paula라고 해요.

You may call me June.
June이라고 부르면 돼요.

12 몇 살이에요?

아래 표현은 상대방의 나이를 물어볼 때 어떤 상황에서든 쓸 수 있는 문장입니다.

아래 표현들로 몇 살이라고 대답해주세요. 자신의 나이만 더하면 됩니다.

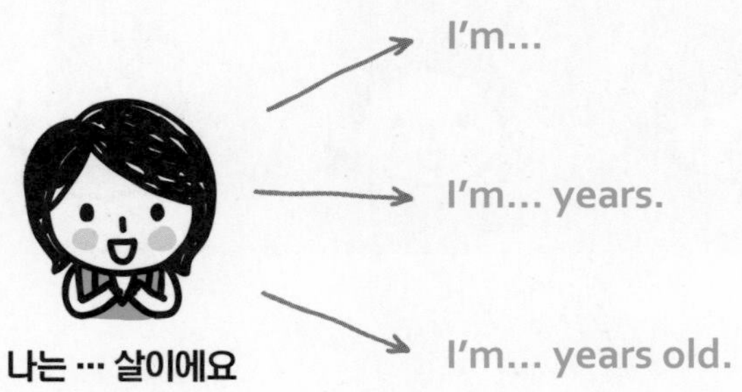

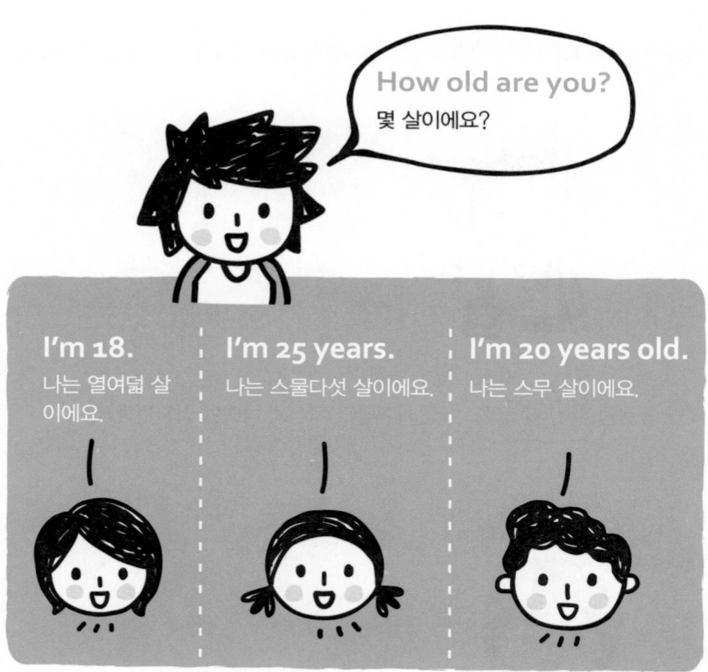
How old are you?
몇 살이에요?
I'm 18.
나는 열여덟 살
이에요.
I'm 25 years.
나는 스물다섯 살이에요.
I'm 20 years old.
나는 스무 살이에요.

13 생일은 언제예요?

상대방이 몇 월 며칠에 태어났는지 자세하게 알고 싶다면 이렇게 물어보세요.

When were you born?
언제 태어났어요?

대답할 때는 I was born on을 사용해서 말하면 돼요.

When were you born?
언제 태어났어요?

I was born on November 3rd.
저는 11월 3일에 태어났어요.

December 19th.
12월 19일이요.

혹은 '생일이 며칠이에요?'라고 바로 물어볼 수도 있어요.

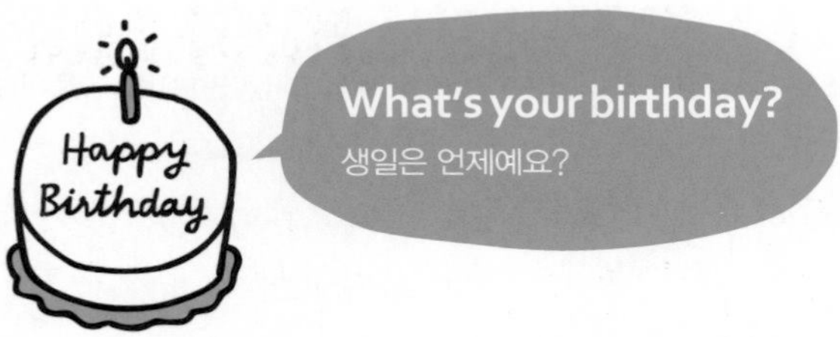

대답할 때는 My birthday is를 사용해서 말하면 돼요.

What's your birthday?
생일은 언제예요?

November 3rd.
11월 3일이에요.

My birthday is on December 19th.
제 생일은 12월 19일이에요.

MP3 03-14

14 당신은 나보다 어려요 / 난 당신보다 나이가 많아요

서로 나이를 알고 있는 상대와 이야기할 때, '당신은 나보다 어려요.' 혹은 '난 당신보다 나이가 많아요.'와 같은 대화를 해봤을 거예요. 영어에서도 비슷한 상황이 있을 겁니다. 'Junior'와 'Senior'로 표현하면 돼요.

... + is junior to...

…보다 나이가 어려요.

... + is senior to...

…보다 나이가 많아요.

Tony is senior to Mary.

Tony는 Mary보다 나이가 많아요.

Mary is junior to Tony.

Mary는 Tony보다 나이가 어려요.

I am senior to you.
나는 당신보다 나이가 많아요.

You are junior to me.
당신은 나보다 나이가 어려요.

상대방 나이가 몇 살이 많은지 혹은 몇 살이 적은지 바로 물어볼 수 있는 문장입니다. 아래 문장 구조를 보세요.

Billy is 3 years my senior.
Billy는 나보다 세 살 많아요.

June is 10 years my junior.
June은 나보다 열 살 어려요.

내가 아닌 다른 사람이 나이 차이가 있을 경우 senior, junior 앞을 알맞은 소유격으로 바꿉니다.

your senior
당신보다 나이가 많아요.

your junior
당신보다 나이가 어려요.

his senior
그 남자보다 나이가 많아요.

his junior
그 남자보다 나이가 어려요.

her senior
그 여자보다 나이가 많아요.

her junior
그 여자보다 나이가 어려요.

You are 10 years my junior.
당신은 나보다 열 살 어려요.

I am 10 years your senior.
나는 당신보다 열 살 많아요.

Mary is 2 years his junior.
Mary는 그 남자보다 두 살 어려요.

June is 5 years his junior.
June은 그 남자보다 다섯 살 어려요.

Tony is 2 years her senior.
Tony는 그 여자보다 두 살 많아요.

Billy is 5 years her senior.
Billy는 그 여자보다 다섯 살 많아요.

상대방의 이름과 나이를 알았으면 이제 상대방의 직업을 물어봅시다. 상대방이 무슨 일을 하는지 묻고 싶을 때는 이렇게 말합니다.

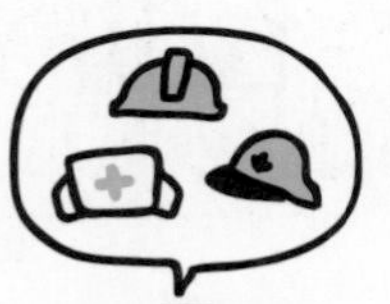

무슨 일하세요?

What do you do?

What do you do for a living?

What is your job?

대답할 때 아래 보이는 간단한 구조의 문장으로 대답하면 됩니다.

I am... (직업)
나는 …

I work as... (직업)
내 직업은 …

"나는 …서 일해요" 로 대답할 수 있어요.

I work for... (장소)
나는 …서 일해요

What do you do?
무슨 일하세요?

I am a nurse.
나는 간호사에요.

I work for ABC hospital.
나는 ABC병원에서 일해요.

I work as an engineer.
나는 엔지니어에요.

I work for E-Construction Company.
나는 E-Construction 회사에서 일해요.

Memo

자신의 직업에 대해 언급할 때, 반드시 직업 앞에 a 혹은 an를 넣어야 합니다. 절대 잊지 말아요!

16 어디에서 왔어요?

영어로 상대방이 어느 나라 사람이고, 어디서 왔으며, 어디 사는지 알고 싶다면 이 한마디로 대신할 수 있어요.

어디서 왔고, 어느 나라 사람인지 대답하고 싶을 땐 이렇게 하면 돼요.

Where are you from?
어디에서 왔어요?

I'm from the Northeast.
나는 동북 지방에서 왔어요.

I'm a Northeasterner.
나는 동북 사람이에요.

다른 사람 소개하기

INTRODUCING PEOPLE TO EACH OTHER

이 사람을 소개하고 싶어요

나 자신이 아닌 다른 사람을 소개하고 싶을 때 역시 매우 간단합니다. 아래의 문장 형태에서 소개하고 싶은 사람의 이름만 넣어주면 돼요.

MP3 04-17

I would like you to meet...

… 소개해주고 싶어요.

Let me introduce...

… 를 소개할게요.

This is...

이 사람은 … 예요.

두 사람을 서로 소개해주고 싶을 때 아래의 방법을 사용하면 됩니다.

I would like you to meet Tony.

Tony를 소개해주고 싶어요.

Tony, let me introduce Kate.

Tony, Kate를 소개할게요.

Billy, let me introduce June.

Billy, June을 소개할게.

June, this is Billy.

June, 이쪽은 Billy야.

Paula, this is Ann.

Paula, 여긴 Ann야.

Ann, this is Paula.

Ann, 여긴 Paula.

I would like you to meet Frank.

Frank를 소개해주고 싶어요.

Frank, this is Mary.

Frank, 이쪽은 Mary예요.

다른 사람을 소개할 때, 소개하는 대상의 간단한 정보를 더해주는 것도 좋아요.
예를 들면

I would like you to meet Tony.
Tony를 소개해주고 싶어요.

He is my co-worker.
그는 내 동료입니다.

Sam, let me introduce June.
Sam, June을 소개할게요.

She is a nurse.
그녀는 간호사예요.

— **I would like you to meet Frank.**
Frank를 소개해주고 싶어요.

— **He is our customer.**
그는 우리 고객입니다.

소개한 두 사람이 서로 알게 된 후에는 앞에서 설명했던 방법대로 인사하면 됩니다.

Hi, Mary. Nice to meet you.
안녕하세요, Mary. 만나서 반갑습니다.

Hello, Tony. Nice to meet you too.
안녕하세요, Tony. 만나서 반갑습니다.

환영하기
WELCOMING

MP3 05-18

18 날 보러 와줘서 정말 기뻐요

집에 초대한 손님이 찾아오면 상대방의 방문을 환영하는 말들을 합니다. 그러면 방문하는 사람은 저절로 즐거운 마음이 들 거예요. 아래 표현들 중에서 골라보세요.

I'm so glad that you could come.
이곳에 와줘서 정말 기뻐요.

I'm so happy to see you here.
여기서 보게 되어서 정말 기뻐요.

날 보러 와줘서 정말 기뻐요

Thank you for coming.
와줘서 고마워요.

여긴 어쩐 일이야?

상대방이 무엇 때문에 찾아왔는지 모르거나, 뜻밖의 사람을 우연히 만나게 되면 아마 '무슨 일이야' 혹은 '여긴 어쩐 일이야'라고 말하겠지요.

19 어서 들어와요

MP3 05-19

우리는 일반적으로 인사말을 나눈 후 손님을 집 안으로 들일 때 이렇게 말해요.

집주인의 열렬한 환영을 받았으면 '고맙습니다'라고 말해보세요.

상대방이 집에 들어왔다면 일반적으로 '앉으세요'라고 말합니다. 영어에서 자주 쓰는 표현은 아래와 같아요.

방문자는 '고맙습니다'로 대답하면 됩니다.

Please를 더해서 좀 더 점잖고 예의 바른 문장을 만들 수 있어요.

MP3 05-21

21 뭐 좀 마실래요?

손님이 편하게 앉았다면 마실 거라도 가져다 주세요.

Would you like to have something to drink?
뭐 좀 마실래요?

Can I get you something to drink?
마실 것 좀 가져다 줄까요?

질문을 받았을 때 이미 무언가를 마셨거나 마실 생각이 없다면 아래 표현들을 사용해서 정중히 사양해보세요.

Can I get you something to drink?
마실 것 좀 가져다 줄까요?

No, thank you. I'm done.
아니에요. 고맙습니다. 이미 마셨어요.

음료를 마시고 싶을 때는 이렇게 대답하세요.

Would you like to have something to drink?

뭐 좀 마실래요?

Yes, please.

네, 부탁할게요.

이 밖에도 손님에게 음료를 직접 선택하게 하는 방법이 있어요.

Do you want... ?	Would you like... ?
… 마실래? (비교적 친근한 사람에게 부담 없는 표현)	… 괜찮아요? (예의 있는 표현)

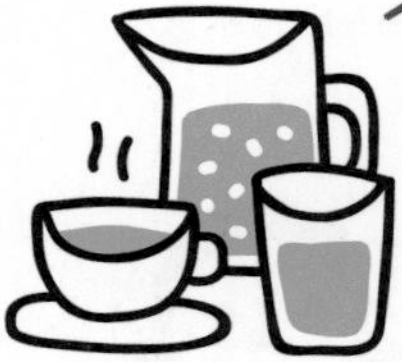

Would you like a cup of coffee?
커피 한 잔 할래요?

Would you like tea or coffee?
차랑 커피 중 어떤 것이 좋아요?

Do you want some water?
물 좀 마실래요?

손님에게 무엇을 마시고 싶은지 물어볼 수도 있어요.

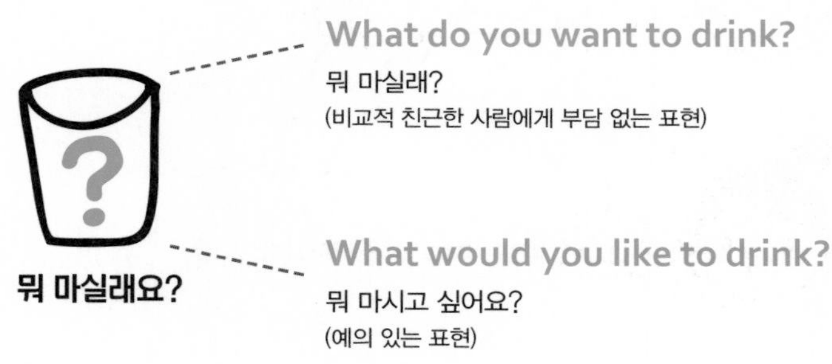

What do you want to drink?
뭐 마실래?
(비교적 친근한 사람에게 부담 없는 표현)

What would you like to drink?
뭐 마시고 싶어요?
(예의 있는 표현)

What do you want to drink?
뭐 마실래?

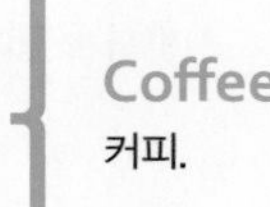

Coffee.
커피.

What would you like to drink?
뭐 마시고 싶어요?

Tea, please.
차로 부탁할게요.

22 편하게 앉아요

▶ MP3 05-22

손님에게 자기 집처럼 편하게 있길 권하는 말도 있습니다. 바로 이렇게 말해요.

Please make yourself comfortable.
편하게 있어요.

Please make yourself at home.
(자기) 집처럼 편하게 있어요.

Please make yourself at home.
(자기) 집처럼 있어요.

Thanks.
고맙습니다.

23 새로운 동료를 환영하기

직장에 새로운 동료가 들어오면 상대방을 환영하는 말을 합니다. 일반적으로 상급자가 대표하여 말합니다.

MP3 05-23

Welcome to our team.
우리 팀에 오게 된 것을 환영합니다.

새로운 동료를 환영하기

Let's welcome… to our team.
…가 우리 팀에 온 것을 환영합시다.

We hope that… will enjoy working with our team/us.
우리 팀에서 함께 즐겁게 일하길 바랍니다.

Paula, welcome to our team.

Paula, 우리 팀에 오게 된 것을 환영합니다.

Let's welcome Frank to our team.

Frank가 우리 팀에 온 것을 환영합시다.

Welcome to our team, Mary.

Mary, 우리 팀에 온 것을 환영합니다.

We hope that you will enjoy working with us.

우리와 함께 즐겁게 일하길 바랍니다.

Tony, welcome to our Sales team.

Tony, 판매 부서에 온 것을 환영합니다.

We hope that you will enjoy working with our team.

우리 팀에서 함께 즐겁게 일하길 바랍니다.

감사
SAYING THANK YOU

24 고마워요

MP3 06-24

우리는 일상에서 기분 좋은 일들을 종종 겪습니다. 그럴 때마다 감사하는 마음을 표현하는 가장 간단한 방법이 있어요. 상대방에게 '고마워요'라고 한마디 해보세요. 가장 일반적으로 사용하는 말입니다.

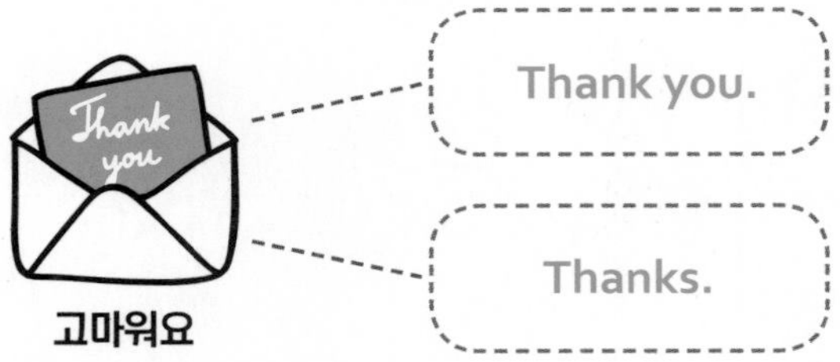

구체적으로 어떤 일에 대해 고마운지 말할 수도 있어요. 아래 문장처럼 사용하면 됩니다.

Thank you for your help.
도와줘서 고마워요.

Thank you for your attention.
신경 써줘서 고마워요.

Thank you for loving me.
나를 사랑해줘서 고마워요.

Thank you for giving me the opportunity.
나에게 기회를 줘서 고마워요.

이 밖에도 고마움을 표현하는 문장이 있어요. 다른 문장으로 표현해보세요!

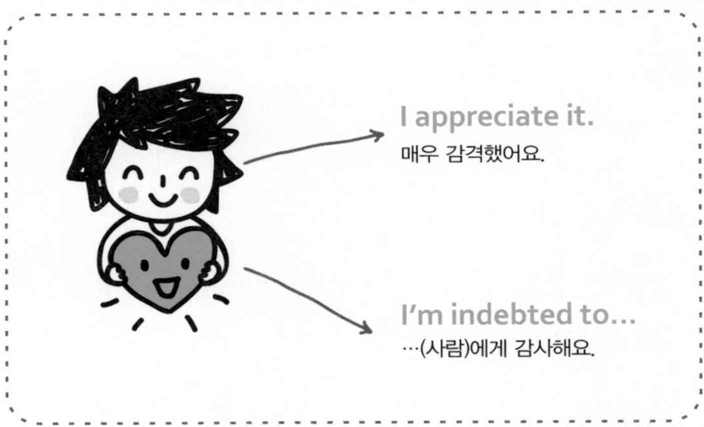

I appreciate it을 사용해서 고마움을 표현할 때 맨 뒤에 it을 더해주는 것을 잊지 마세요.

'(사람)에게 감사해요' 문장으로 고마움을 표현할 때, 문장 맨 뒤에 to를 사용하고 상대방을 넣어주면 됩니다.

I'm indebted to my instructor.
강사님께 감사드립니다.

I'm indebted to him.
그 사람에게 고마워.

I'm indebted to all of you.
너희 모두에게 고마워요.

'정말 고마워'처럼 문장을 강조하고 싶다면 very much, a lot, really, deeply 등의 어휘를 사용해서 의미를 강조해주면 됩니다.

Thank you very much.
정말 고마워요.

Thanks a lot.
정말 고마워.

I really appreciate it.
대단히 고맙습니다.

I'm deeply indebted to him.
그에게 진심으로 고마워요.

25 천만에요

감사의 말을 받으면 그에 맞는 대답을 해야 합니다. 아래 문장을 사용해보세요.

천만에요

감사의 말에 대한 대답으로, 일반적인 대화뿐만 아니라 격식을 차려야 하는 대화에서도 사용할 수 있습니다.

Thank you for your cooperation.
협력해주셔서 감사합니다.

You're welcome.
천만에요.

Thanks for taking care of me.
신경 써주셔서 감사합니다.

It's my pleasure.
아니에요.

Thank you for coming.
와줘서 고마워요.

My pleasure.
천만에요.

26 괜찮아

MP3 06-26

이 밖에도 영어에는 친한 친구의 감사말에 답하는 표현도 있어요.

It's okay.
괜찮아.

Not at all.
아니야.

괜찮아 / 아니야

No problem.
괜찮아.

Don't worry.
편하게 생각해.

Thank you for the cake. I love it.
케이크 고마워, 정말 좋다.

It's okay.
아니야.

Thank you for waiting for me.
기다려줘서 고마워.

No problem.
괜찮아.

Thanks for taking care of my puppy.
우리 강아지를 돌봐줘서 고마워.

Not at all. She's so cute.
아니야, 강아지 귀엽더라.

Thanks for being a good friend.
좋은 친구가 돼줘서 고마워.

Don't worry.
아니야.

별것 아니에요

별것 아니에요

Thank you for solving the problem.
문제를 해결해줘서 고마워요.

It's nothing.
별것 아니에요.

Thank you for fixing my glasses.
내 안경을 고쳐줘서 고마워요.

It doesn't matter.
신경 쓰지 마요.

PART 06 감사

별말씀을 / 그런 말 마

별말씀을,
그런 말 마

Forget about it.
그런 말 마요.

Forget it.
별말씀을요!

Don't mention it.
말하지 않아도 돼요(괜찮아요).

You keep helping me out.
I appreciate it.
항상 도와줘서 정말 고마워요.

Forget about it.
별말씀을요!

Thanks for sharing your ideas.
아이디어를 나눠줘서 고마워.

Forget it. That's my job.
별말씀을! 내가 할 일이야.

I'm deeply indebted to you.
당신에게 정말 고마운 마음이에요.

Don't mention it.
말하지 않아도 돼요(괜찮아요).

언제든지 환영해요

Thanks for being on my side.
항상 내 곁에 있어줘서 고마워요.

Anytime.
언제든지 있을게요.

사과
SAYING SORRY

27 미안해요

MP3 07-27

영어에는 감사의 말 이외에도 사과의 말도 있어요. 일반적으로 '미안해요'는 이렇게 표현합니다.

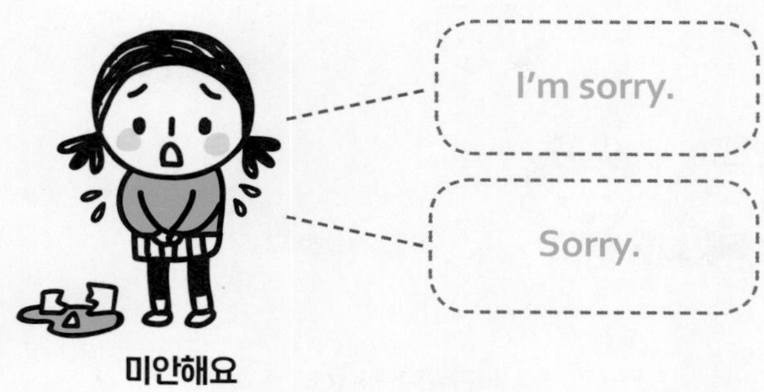

미안해요

구체적으로 어떤 일이 미안한지 표현하고 싶다면 아래의 문장으로 해보세요.

I'm sorry for...
…가 미안해요.

Sorry for...
…해서 미안합니다.

I'm sorry for coming late.
늦어서 미안해요.

I'm sorry for the mistake.
내가 잘못했어요.

Sorry for making you cry.
당신을 울려서 미안해요.

Sorry for taking your time.
시간을 뺏어서 미안해요.

조금 더 공손하게 사과하고 싶다면 sorry 대신에 apologize를 사용하세요.

사과하다 / 잘못을 빌다

I apologize.

I apologize for...

I apologize for the inconvenience.
불편을 끼쳐드려 죄송합니다.

I apologize for the late reply.
답장이 늦어서 죄송합니다.

We apologize for the delay.
지체되어서 죄송합니다.

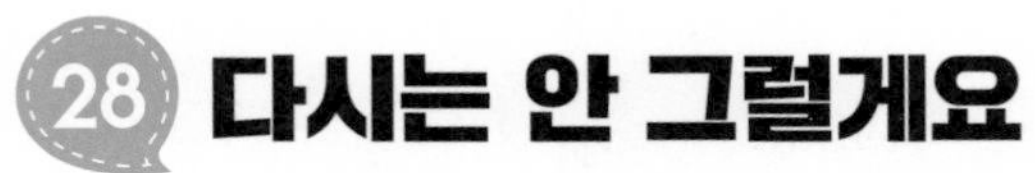

28 다시는 안 그럴게요

사과의 말과 함께 다시는 그러지 않겠다는 결심을 보여주려면 영어로는 이렇게 말해요.

I won't do this again.
다시는 이러지 않을게요.

I'll never do this again.
다시는 절대로 이러지 않을게요.

I'll never let it happen again.
다시는 같은 일이 벌어지지 않도록 할게요.

It won't happen again.
(이런 일은) 다시는 없을 거예요.

다시는 안 그럴게요

— I'm sorry for breaking the promise.
약속을 지키지 못해서 미안해요.

— I won't do this again.
다시는 이러지 않을게요.

— Sorry for being late.
늦어서 죄송합니다.

— I'll never do this again.
다시는 절대 이러지 않을게요.

— We apologize for the miscommunication.
의사소통이 제대로 안 되어서 미안해요.

— It won't happen again.
(이런 일이) 다시는 없을 거예요.

29 고의가 아니에요

MP3 07-29

일어난 문제가 일부러 그런 것이 아니라는 것을 표현할 때는 이렇게 말합니다.

I didn't mean it.
고의가 아니에요.

I didn't mean to...
일부러 …한 게 아니에요.

I'm sorry for bothering you.
방해해서 미안해요.

I didn't really mean it.
정말 일부러 그런 게 아니에요.

Sorry for not being with you.
너와 함께 있어 주지 못해서 미안해.

I didn't mean it.
일부러 그런 게 아니야.

I'm sorry for saying that.
그런 말을 해서 미안해.

I didn't mean to hurt you.
일부러 상처 주려고 한 게 아니야.

30 화내지 말아요

미안한 마음을 표현할 때 상대방이 나 때문에 기분 상하거나 화내지 않기를 바랄 거예요. 그럴 때는 이렇게 말해보세요.

I'm sorry for letting you down.
I didn't mean it.
실망시켜서 미안해요.
일부러 그런 게 아니에요.

Please don't be mad at me.
제발 화내지 마세요.

My mom is sick.
I can't have dinner with you.
엄마가 아프세요.
같이 저녁을 못 먹을 것 같아요.

I'm so sorry.
Please don't be mad at me.
정말 미안해요.
화내지 마세요.

I'm sorry for not telling you the truth.
사실대로 말하지 않아서
미안해요.

Please don't be mad at me.
제발 화내지 마요.

I can't lend you the money.
I need to pay the bills.
청구서를 결제해야 해서 돈을 빌려줄
수가 없어요.

I'm sorry.
Please don't be mad at me.
미안해요.
화내지 마요.

31 용서해주세요

MP3 07-31

앞에 나온 것과 같이 사과하는 방법도 있지만, 용서를 구하는 방법도 있어요.

The traffic was bad.
I'm sorry for being late.
교통체증이 심했어. 늦어서 미안해.

This is not the first time that you were late.
이번이 처음 늦은 게 아니야.

I know. I'm sorry. Please forgive me.
알아, 미안해! 용서해줘.

Oh, I thought the window was closed.
오, 창문이 닫혀 있는 줄 알았어.

Please accept my apology.
정말 미안해.

32 실례합니다

지금까지 영어로 하는 사과의 말을 배웠습니다. 상대방에게 폐를 끼치거나 실례할 경우에는 어떻게 말해야 할까요? 예를 들면 상대방에게 길을 물어보거나 할 경우 말이죠. '실례합니다, 화장실이 어디에 있나요' 혹은 '죄송합니다, 실례하겠습니다'와 같은 표현은 이렇게 말합니다.

MP3 07-32

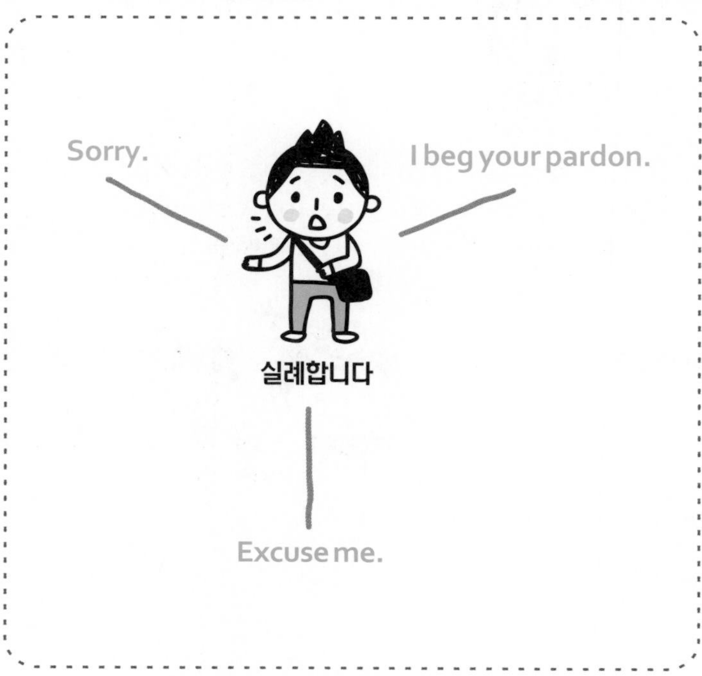

Sorry, I don't know what you are talking about?

미안합니다. 무슨 말인지 잘 모르겠어요.

Sorry for disturbing you.

방해해서 죄송합니다.

I beg your pardon.

죄송합니다. / 다시 말해주세요.

Excuse me for a while.

잠시 실례하겠습니다.

Excuse me. What's your name?

실례지만, 이름이 어떻게 되세요?

Excuse me.

죄송합니다. / 실례하겠습니다.

33 괜찮아요

MP3 07-33

한국어의 '괜찮아요'는 사과의 말이나 감사의 말에 모두 답할 수 있는 표현입니다. 하지만 영어에서 사과의 말에 대한 '괜찮아요'와 감사의 말에 대한 '괜찮아요'는 약간의 차이가 있습니다. 아래의 표현들을 보고 '괜찮아요'를 사용하는 데 주의하세요.

It's okay.

Never mind.

괜찮아요

It's not a big deal.

I'm sorry for turning off the light.
불 꺼서 미안해.

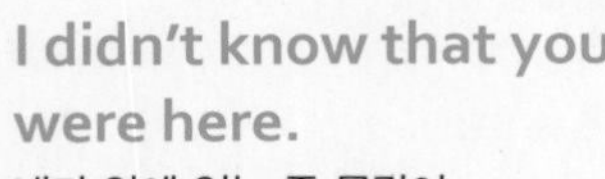

I didn't know that you were here.
네가 안에 있는 줄 몰랐어.

It's okay.
괜찮아.

Excuse me.
실례합니다.

Oh, you're on the phone. I'm so sorry.
아, 통화 중이군요. 미안해요.

Never mind.
신경 쓰지 말아요.

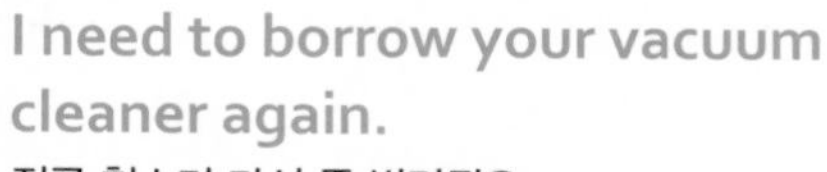

I need to borrow your vacuum cleaner again.
진공 청소기 다시 좀 빌려줘요.

Sorry for disturbing you.
번거롭게 해서 미안해요.

It's not a big deal.
괜찮아요.

34 괜찮아, 마음에 담아 두지 마

사과의 말에 답하는 말이 또 있습니다. 바로 '됐어, 마음에 담아 두지 마'입니다. 영어로는 이렇게 말합니다.

MP3 07-34

I dropped your book in water. I'm sorry.
네 책을 물에 빠뜨렸어. 미안해.

I'll dry it. Don't worry.
내가 말리면 돼, 걱정하지 마.

It's okay.
Forget about it.
괜찮아, 마음에 담아 두지 마.

Your boyfriend misunderstood us.
네 남자친구가 우릴 오해했어.

I'm so sorry.
I'll explain to him.
미안해, 내가 가서 설명할게.

Never mind.
Forget it.
신경 쓰지 마, 마음에 담아 두지 마.

지난 일이야 신경 쓰지 마

지난 잘못을 사과하는 사람이 있으면 용서하는 말을 해줄 수 있어요. 그런 의미로 '지난 일은 됐어, 신경 쓰지 마!', '우리 다시 해보자' 등의 말을 해줄 수 있겠지요.

MP3 07-35

Let bygones be bygones.
지난 일이에요.

You helped me and they hit you.

네가 나를 도왔는데 그들이 널 쳤어.

I'm sorry, Billy.

미안해, Billy.

It was a year ago. Forget it.

1년이나 지난 일이야. 괜찮아.

Let bygones be bygones.

지난 일이에요.

날짜와 시간
DAYS AND TIME

36 몇 시입니까?

MP3 08-36

우리는 매일 날짜와 시간을 확인합니다. 그리고 물어보기도 하죠. 시간과 날짜를 물을 때는 아래 표현을 사용해보세요.

몇 시인지 답할 경우 보통 It is나 It's로 시작해서 몇 시 몇 분인지 말하면 됩니다. 예를 들어볼까요.

It's six o'clock.
= It's six.
6시입니다.

It's six fifteen.
6시 15분입니다.

It's six thirty.
= It's half past six.
6시 반입니다.

It's six o'clock이라고만 말한다면 많은 사람들이 의아할 거예요. 오전 6시를 말하는 건지 오후 6시를 말하는 건지 알 수가 없기 때문입니다. 혼란을 피하기 위해서는 이렇게 말해보세요.

What time is it?
몇 시입니까?

It's four o'clock in the afternoon.
오후 4시입니다.

It's two p.m.

오후 2시입니다.

It's three o'clock in the morning.

새벽 3시입니다.

It's eleven a.m.

오전 11시입니다.

아마도 '몇 시까지 몇 분'과 같은 시간을 알려주는 표현을 들어봤을 거예요. 영어로는 이렇게 말합니다.

It's... (몇 분인지) … 시까지 … 분 전

to... (몇 시인지) … 시

It's ten to two p.m.
오후 2시 10분 전입니다.

It's four to six a.m.
오전 6시 4분 전입니다.

It's fifteen to five in the afternoon.
오후 5시 15분 전입니다.

It's twenty to three o'clock in the morning.
새벽 3시 20분 전입니다.

It's ten처럼 앞부분만 말해도 됩니다. It's ten minutes처럼 완전한 문장을 말하지 않아도 10분이라는 것을 알 수 있기 때문입니다.

37 무슨 요일입니까?

오늘이 무슨 요일인지 알고 싶다면 이렇게 말하세요.

이렇게 물어봤을 경우 얻을 수 있는 답은 월요일부터 일요일 중의 하나일 것입니다.

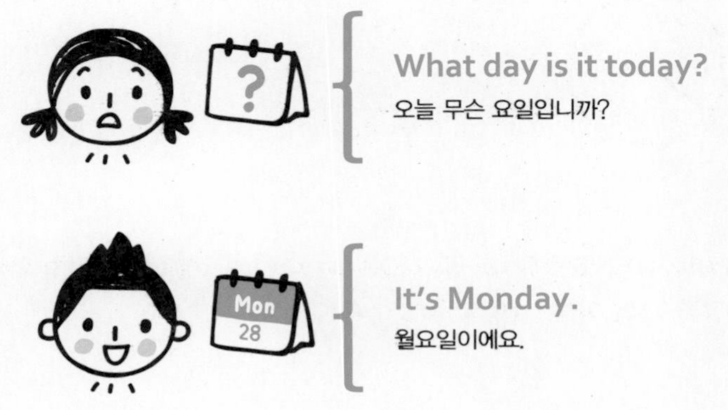

Excuse me. What day is it today?
실례합니다. 오늘 무슨 요일이에요?

It's Wednesday.
수요일이에요.

오늘 며칠입니까?

MP3 08-38

오늘이 며칠인지 알고 싶다면 이렇게 말하세요.

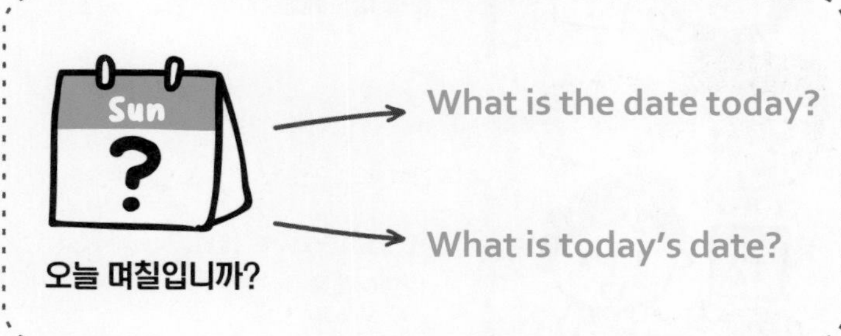

날짜를 정확하게 말하기 위해서 한 날 두 날처럼 기수로 말해선 안 됩니다. 1일, 2일처럼 서수로 말해주세요. 잊지 말아야 할 것은 영어의 문법에서 서수 앞에 'the'를 붙여야 한다는 거예요.

What is the date today?
오늘 며칠입니까?

It's the eighteenth.
18일입니다.

PART 08 날짜와 시간

What's today's date?
오늘 며칠이에요?

It's the twelfth.
12일이에요.

What's the date today?
오늘 며칠이에요?

It's the fourteenth.
14일이에요.

이제 다시 한 번 복습해봅시다. 영어에서 1일부터 30일까지 어떤 단어로 쓰이는지 알아볼게요. 사용할 때 앞에 the를 더해주는 걸 잊지 말아요!

1일 The first

2일 The second

3일 The third

4일 The fourth

5일 The fifth

6일 The sixth

7일 The seventh

8일 The eighth

9일 The ninth

10일 The tenth

11일 The eleventh

12일 The twelfth

13일 The thirteenth

14일 The fourteenth

15일 The fifteenth

16일 The sixteenth

17일 The seventeenth

18일 The eighteenth

19일 The nineteenth

20일 The twentieth

21일 The twenty-first

22일 The twenty-second

23일 The twenty-third

24일 The twenty-fourth

25일 The twenty-fifth

26일 The twenty-sixth

27일 The twenty-seventh

28일 The twenty-eighth

29일 The twenty-ninth

30일 The thirtieth

31일 The thirty-first

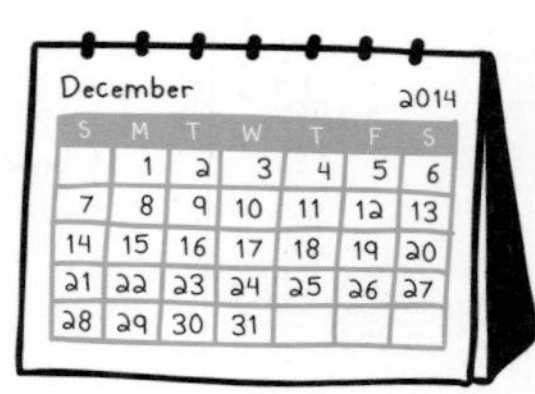

쇼핑
SHOPPING

39 무엇을 도와드릴까요?

상점에 들어갔을 때 가장 자주 듣게 되는 말입니다. 점원과 인사를 나눈 후 듣게 되는 친절한 한마디에요.

특별히 찾는 물건이 있는 것이 아니라 구경을 하는 중이었다면 이렇게 말하세요.

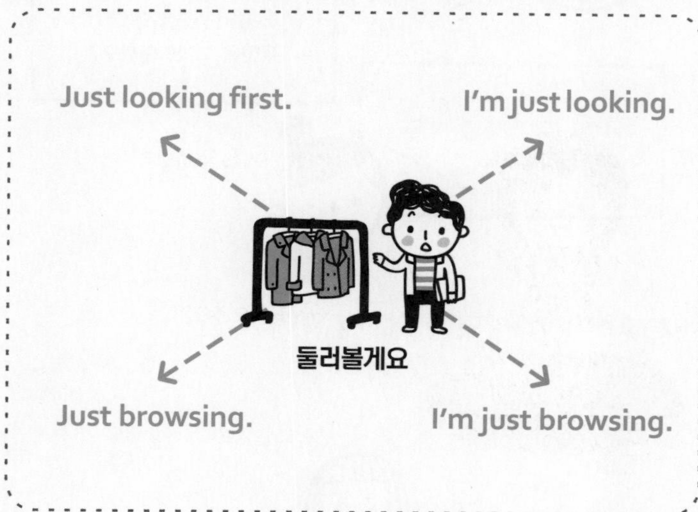

아래의 표현들로 점원의 도움을 받을 수도 있어요.

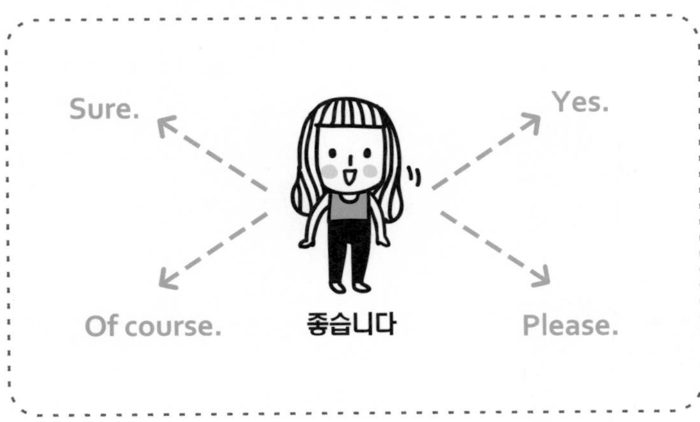

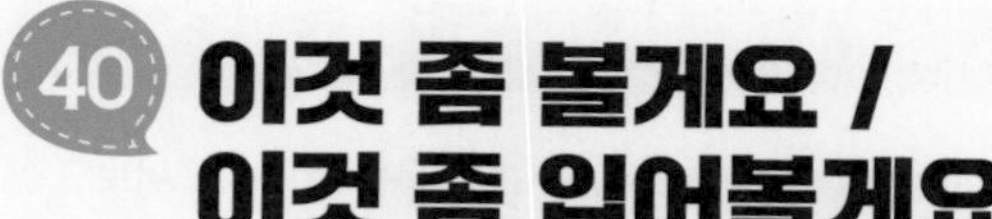

40 이것 좀 볼게요 / 이것 좀 입어볼게요

MP3 09-40

마음에 드는 물건을 찾으면 만져 보거나 좀 더 가까이서 보고 싶을 거예요. 그럴 때는 어떻게 해야 할까요?

please?

Can I see + 보고 싶은 물건 + please?

Can I take a look at + 보고 싶은 물건 + please?

What can I do for you?
도움이 필요한 부분이 있나요?

Of course. Can I see the pink shirt, please?
네, 분홍색 셔츠 좀 볼 수 있을까요?

입어볼게요

가까이서 보고, 만져 봤더니 볼수록 맘에 드나요? 그렇다면 입어보고, 써보고 싶을 거예요. 그럴 때는 이렇게 말하세요.

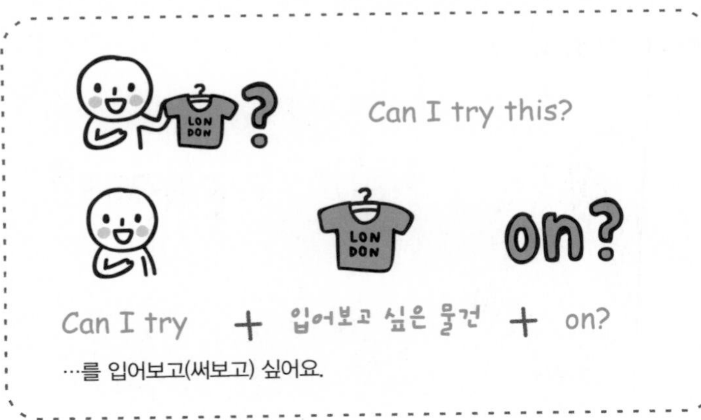

…를 입어보고(써보고) 싶어요.

Can I try it on?
입어봐도 되나요?

Sure, Ma'am.
물론이죠.

MP3 09-41

별로에요 / 너무 작아요 / 너무 커요 / 너무 꽉 껴요 / 너무 헐렁해요

입어봤지만 사이즈가 맞지 않을 경우 알맞은 다른 사이즈가 있는지 점원과 얘기해보세요.

It's too small.	너무 작아요.
It's too big.	너무 커요.
It's too long.	너무 길어요.
It's too short.	너무 짧아요.
It's too loose.	너무 헐렁해요.
It's too tight.	너무 꽉 껴요.

이때, 매우 조심해야 할 부분이 있습니다. 너무 꽉 끼는 옷을 습관적으로 너무 fit 하다고 말하는 사람들이 있어요. 사실 이건 잘못된 표현입니다. 영어의 fit은 너무 작거나 꽉 낀다는 뜻을 가진 단어가 아닙니다. 오히려 딱 알맞다, 매우 적합하다의 뜻을 가지고 있는 단어예요.

그렇기 때문에 옷을 입어 봤을 때 사이즈가 맞지 않는다면 바로 이렇게 말해야 해요.

다른 스타일도 있나요?

MP3 09-42

마음에 드는 옷이 사이즈가 맞지 않거나 색깔이 맘에 안 든다면 점원에게 다른 사이즈나 색깔이 있는지 물어보세요.

Do you have this in a larger size?
이거 더 큰 사이즈는 없나요?

Do you have this in a smaller size?
이거 더 작은 사이즈는 없나요?

Do you have any other colors?
다른 색깔은 없나요?

It's too tight.
너무 꽉 끼어요.

Do you have this in a larger size?
이거 더 큰 사이즈는 없나요?

Yes, Ma'am.
예, 고객님

What size do you normally wear?
평소에 어떤 사이즈를 입으시나요?

Do you have this in...
이 옷 … 사이즈 있나요?

Do you have this in...
이 옷 … 색깔이 있나요?

I don't like this color.
색깔이 맘에 안 들어요.

Do you have this in blue?
파란색도 있나요?

43 잘 어울려요?

MP3 09-43

마음에 드는 옷을 알맞은 사이즈로 입었으면 예쁜지, 잘 어울리는지, 보기 좋은지 점원이나 동행한 친구의 의견을 물어보고 싶을 거예요.

What do you think?
어떤 것 같아요?

It's not bad.
나쁘지 않아요.

How do I look?
어때 보여요?

You look great.
아주 좋아요.

Does it suit me?
잘 어울려요?

Of course, it's so you.
물론이죠, 고객님께 딱이네요.

일단 한번 둘러볼게요

딱히 맘에 들지 않거나 너무 비쌀 경우 혹은 입어보니 별로여서 다른 가게를 먼저 둘러본 후 다시 결정하고 싶을 때가 있을 거예요. 이럴 때는 너무 복잡하게 생각할 필요가 없어요. 간단하게 말하는 방법이 있습니다.

45 얼마예요?

MP3 09-45

물건이 맘에 들어서 정말 살 마음이 있다면 이렇게 가격을 물어보세요!

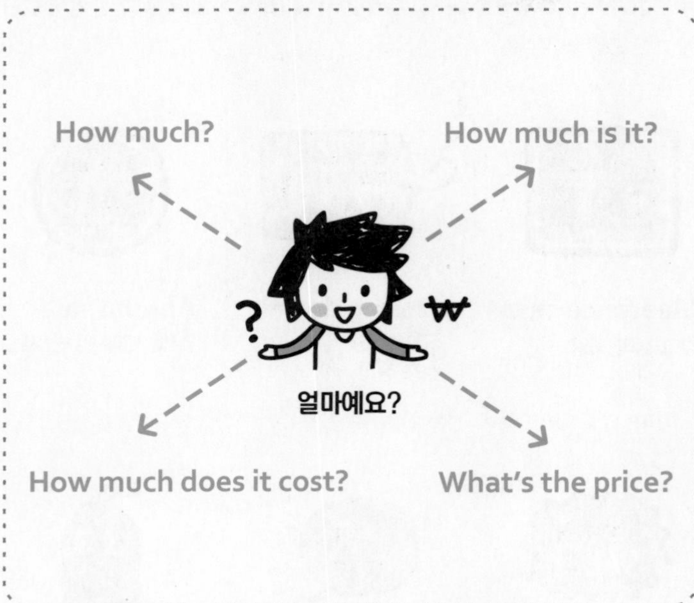

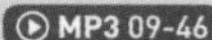

좀 깎아줄 수 있나요?

가격이 비싸다면 좀 더 싸게 사고 싶은 마음이 드는 건 당연한 거예요. 만약 가격 흥정이 되는 가게라면 깎아줄 수 있는지 물어보도록 해요. 아래는 가격 할인에 대한 표현들이에요.

Clearance sale
창고 정리 세일

Closing down sale
점포 정리 세일

Annual sale
연례(1년에 한 번) 세일

knockout sale
경매 세일

buy 1 get 1 free
원 플러스 원

...% off sale
…% 세일

위와 같은 할인 안내를 보지 않았다면, 점원에게 할인해줄 수 있는지 물어보세요. 바로 이렇게 말이죠.

How much?
얼마예요?
It's thirty thousand won, Ma'am
삼만 원입니다, 고객님
Can you give me a special price?
좀 깎아줄 수 있어요?
LON DON
LON DON

47 증정품이 있나요?

MP3 09-47

화장품을 사고 샘플을 달라고 하는 것처럼 점원에게 증정품을 요구하고 싶을 때는 어떻게 해야 할까요?

Do you have any free giveaways?
증정품이 있나요?

어떤 증정품을 원하는지 말하고 싶다면 아래 표현을 사용해보세요.

Could you give me some extra + 가지고 싶은 물건 + please?
…를 더 줄 수 있나요?

Could you give me some more + 가지고 싶은 물건 + please?
…를 더 줄 수 있나요?

Could you give me some extra sauce, please?

소스를 더 줄 수 있나요?

Could you give me some extra notepads, please?

메모지 좀 줄 수 있나요?

Could you give me some more rice, please?

밥을 좀 더 줄 수 있나요?

Could you give me some extra testers, please?

테스터를 좀 더 받아볼 수 있나요?

48 이걸로 살게요

MP3 09-48

어떤 상품을 사기로 결정했다면 점원에게 말해보세요. 아래 표현을 사용하면 됩니다.

I'll take it.
이걸로 살게요.

I'll take this one.
이걸로 할게요.

I'll take that one.
저걸로 살게요.

I'll take the left one.
왼쪽 걸로 살게요.

I'll take the right one.
오른쪽 걸로 살게요.

I'll take this color.
이 색깔로 할게요.

I'll take the big one.
큰 걸로 살게요.

49 카드 결제 되나요?

현금 사용이 불편해서 카드로 계산하고 싶다면 점원에게 이렇게 말해보세요.

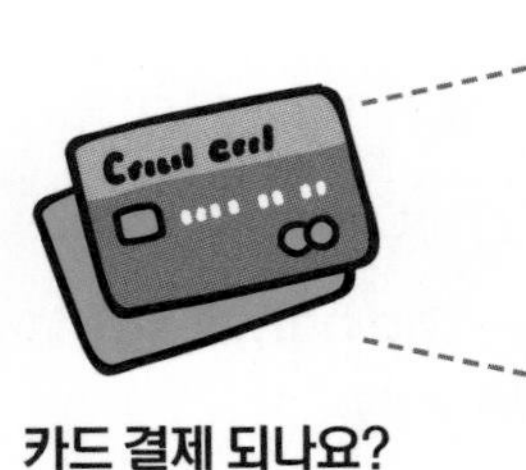

Do you take credit cards?
신용카드 결제 되나요?

Can I pay with a credit card?
신용카드로 결제할 수 있나요?

카드 결제 되나요?

Can I pay with a credit card?
신용카드로 결제할 수 있나요?

Yes, you can.
예, 가능합니다.

Do you take credit cards?
신용카드 결제 되나요?

Sorry, Sir. We don't accept credit cards.
고객님 죄송합니다. 우리는 신용카드 결제가 되지 않아요.

Do you take credit cards?
신용카드 결제 되나요?

Sorry, Ma'am. We only accept cash.
죄송합니다. 아가씨,
저희는 현금만 받아요.

50 교환할 수 있나요?

물건을 구입한 후에 문제가 있다면 점원에게 교환이나 환불이 되는지 물어보세요. 이렇게 하면 됩니다.

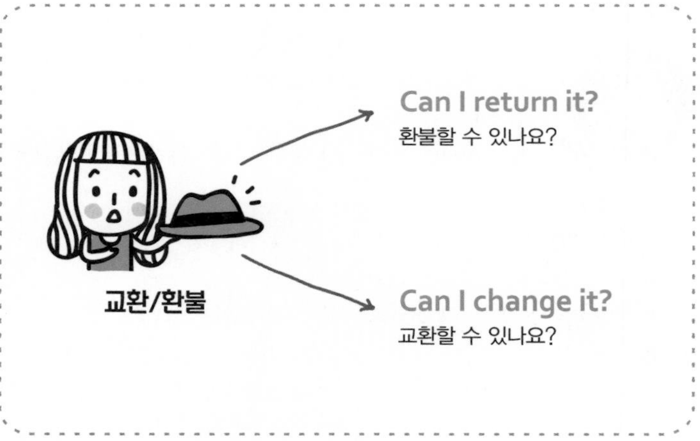

Can I return it?
환불할 수 있나요?

I don't know if my friend has already bought it or not.
친구가 이미 이걸 샀는지 어떤지 모르겠어요.

I'm afraid not, but you can change it.
그러지 않았으면 좋겠네요.
물론 환불할 수 있습니다.

Can I change it?
교환할 수 있나요?

Yes, you can. No problem.
네, 가능합니다. 괜찮아요.

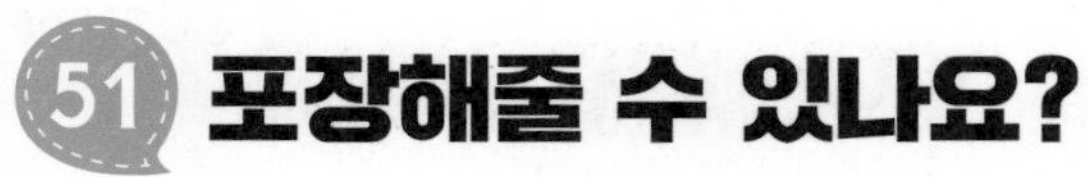

51 포장해줄 수 있나요?

점원에게 포장을 요청하고 싶다면 이렇게 말해보세요.

Please wrap it for me.
포장해주세요.

Could you please wrap it for me?
포장해주실 수 있나요?

Please pack it for me.
포장 좀 부탁드려요.

Could you please pack it for me?
포장해주실 수 있나요?

I'll take the big one.
Could you please wrap it for me?
큰 걸로 사겠습니다. 포장해주실 수 있나요?

비닐 봉지는 필요 없어요

MP3 09-52

환경 보전을 위해 비닐 봉지를 사용하지 않을 때 점원에게 이렇게 말해보세요.

I don't need a bag.

I don't need a plastic bag.

비닐 봉지는 필요 없어요

음식 주문하기
ORDERING FOOD

53 자리 예약하기

MP3 10-53

식사는 매우 중요한 일입니다. 하루라도 안 할 수가 없기 때문이죠. 외식을 할 때는 어떤 대화를 하게 될까요? 우선 자리를 예약하는 것부터 시작하죠.

자리를 예약하고 싶어요

영어로 자리를 예약할 때는 보통 이렇게 말합니다.

그럼 점원은 보통 몇 명인지 그리고 몇 시에 예약할 건지 물어볼 거예요. 아래 처럼 말이죠.

어떤 시점에 예약할 건지 바로 말하는 방법도 있습니다. 이렇게 말이죠.

(아침, 점심, 저녁) … 식사를 예약하고 싶어요.

I'd like to make a breakfast reservation, please.
아침 식사를 예약하고 싶어요.

I'd like to make a lunch reservation, please.
점심 식사를 예약하고 싶어요.

I'd like to make a dinner reservation, please.
저녁 식사를 예약하고 싶어요.

… 명, … 시에 … 식사를 예약하고 싶어요

점원이 다시 물어볼 필요 없이 바로 몇 명, 몇 시에 예약할 건지 말하는 방법도 있습니다.

I'd like to make a breakfast reservation for 3 people at 6 o'clock, please.

6시에 세 명의 아침 식사를 예약하고 싶어요.

I'd like to make a lunch reservation for 5 people at 1 p.m., please.

오후 1시에 다섯 명의 점심 식사를 예약하고 싶어요.

I'd like to make a dinner reservation for 2 people at 7 o'clock, please.

7시에 두 명의 저녁 식사를 예약하고 싶어요.

MP3 10-54

54 음식 주문하기 / 메뉴 좀 주세요

음식을 주문해서 먹을 차례입니다. 영어로 주문하는 건 굉장히 복잡해 보이지만 사실은 그렇지 않습니다. 아래의 표현들을 이용해서 주문해보세요.

메뉴 좀 주세요

가장 먼저 메뉴를 받은 후 무엇을 먹을지 결정해야겠지요? 메뉴를 달라는 말은 이렇게 말합니다.

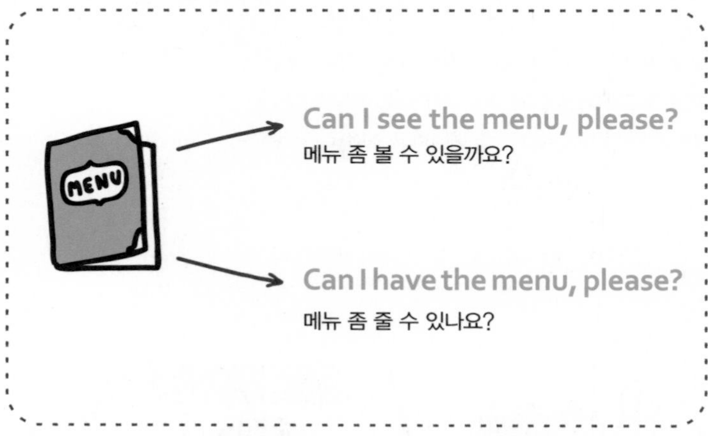

안내원이 메뉴를 건네주면서 이렇게 말할 거예요.

Can I see the menu, please?
메뉴 좀 볼 수 있을까요?

Sure. Here you are, Ma'am.
물론입니다. 여기 있습니다.

Can I have the menu, please?
메뉴 좀 주시겠어요?

Here you go, Sir.
여기 있습니다.

주문하시겠어요?

안내원이 주문을 받기 전에 이렇게 말할 거예요.

MP3 10-55

55 여기 있어요

Here you go는 here, you, go 세 단어가 조합되어 원래 뜻과는 전혀 다른 뜻을 가지게 되는 특수한 단어입니다. Here you go는 상대방에게 물건을 건네줄 때 '여기 있어요'와 같은 뜻으로 쓰입니다. 이 표현은 상황이나 말투에 따라 아주 예의 있기도 하며 친근하기도 한 특이한 표현입니다. 이 밖에도 비슷한 단어들이 있으니 살펴볼게요.

<table>
<tr><th>단어</th><th>뜻</th><th>상황</th><th>사용 대상</th></tr>
<tr><td>Here it is.</td><td rowspan="3">여기 있어요.</td><td rowspan="4">상대방에게
물건을 줄 때</td><td rowspan="2">일반적인 대상</td></tr>
<tr><td>Here you go.</td></tr>
<tr><td>Here you are.</td><td>윗사람 /
일반적인 대상 /
친한 사이 /</td></tr>
<tr><td>There you go.</td><td>저기 있어요.</td><td>일반적인 대상 /
친한 사이 /</td></tr>
</table>

물건을 건네줄 때 사용하는 There you go는 '저기 있어요'의 의미 이외에도 '봐봐. 맞지!', '바로 그거야'의 의미로 해석할 수 있습니다. There you go는 어떤 상황에서 벌어진 일을 강조하기 위해 사용합니다.

Your dumbbell is too heavy. I can't lift it.
네 아령이 너무 무거워서 들 수가 없어.

Come on, Paula. Here we go. You can do it.
파이팅 Paula, 해봐. 너는 할 수 있어!

There you go.
맞지!(할 수 있다고 했잖아.)

이제 정확하게 알았나요? 또 다른 재미있는 표현이 있습니다. 우리는 Here we go를 조금 전 Paula가 아령을 들어 올릴 때처럼 어떤 일을 시작할 때 사용했습니다. 이런 단어의 쓰임새를 정확하게 안다면 Here we go가 '해봐!, 가봐!, 달려!' 등의 뜻으로 해석될 수 있다는 걸 알 수 있을 거예요.

단어	뜻	상황	사용 대상
There you go.	봐봐. / 맞지?	말이나 상황을 강조할 때	친근한 사이
Here we go.	해봐. / 가봐. / 달려. /	어떤 행동을 시작할 때	친근한 사이

무엇을 먹을지 결정했다면 아래의 문장들 중 하나를 골라서 주문해봐요!

I'll have + 주문하고 싶은 메뉴

I'd like + 주문하고 싶은 메뉴

Can I get + 주문하고 싶은 메뉴 + please?

What would you like to order?
어떤 걸로 주문하시겠어요?

I'll have a chicken spaghetti.
치킨 스파게티로 할게요.

I'd like a chicken salad, please.
치킨 샐러드로 부탁합니다.

Can I get a seafood spaghetti, please?
해물 스파게티로 해주시겠어요?

… 좀 추가해주세요

MP3 10-57

특별히 좋아하는 음식을 조금 더 넣어 달라거나 싫어하는 것을 빼달라고 점원에게 요청하는 경우가 있습니다. 아래는 영어로 점원에게 요청하는 표현들입니다. 어떻게 표현하는지 어디 한번 볼까요?

Can I get extra…, please?
…를 조금 더 줄 수 있나요?

May I get it with extra…, please?
…를 더 줄 수 있나요?

Could you add…to it, please?
…를 더 추가할 수 있나요?

Can I get extra salad cream, please?
샐러드 드레싱을 더 줄 수 있나요?

May I get it with extra rice, please?
밥 좀 더 줄 수 있나요?

May I get an omelet with extra rice, please?
오믈렛에 밥 좀 더 줄 수 있나요?

Could you add 2 eggs to it, please?
달걀 두 개만 더 넣어 줄 수 있나요?

58 정말 맵게 / 조금 맵게

MP3 10-58

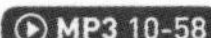

모든 요리의 매운 정도는 개인의 입맛에 따라 결정됩니다. 매운맛의 정도를 조절하고 싶다면 I'd like it 뒤에 매운맛의 정보를 나타내는 표현을 사용해보세요.

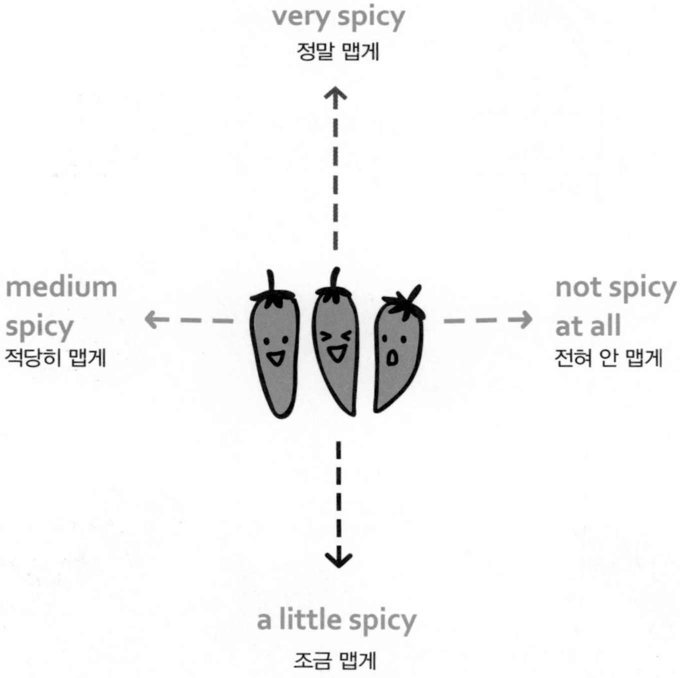
very spicy
정말 맵게
medium spicy
적당히 맵게
not spicy at all
전혀 안 맵게
a little spicy
조금 맵게

I'd like it very spicy.
굉장히 맵게 해주세요.

I'd like it not spicy at all.
전혀 안 맵게 해주세요.

I'd like it a little spicy.
조금 맵게 해주세요.

I'd like it medium spicy.
적당히 맵게 해주세요.

MP3 10-59

59 여러 가지 맛

맛있다 / 맛없다

주문한 음식이 맛이 있는지 없는지를 표현하려면 아래와 같이 말해보세요.

It's very delicious.
정말 맛있다.

Awesome!
정말 좋다!

That's so nice.
너무 좋다.

That's tasty.
최고의 맛이다!

It's excellent.
훌륭하다.

That's terrible.
맛없다.

시다 / 짜다 / 달다 / 쓰다

음식을 맛볼 때 맛이 있다, 없다 이외에 음식이 구체적으로 어떤 맛인지 표현할 수 있습니다. 아래의 표현들은 음식 맛에 대한 표현이에요. It's...나 That's...로 시작해서 어떤 맛인지 표현해보세요.

sour
시다

It's too sour.
너무 시다.

salty
짜다

That's a bit salty.
조금 짜다.

sweet
달다

It's quite sweet.
너무 달아요.

bitter
쓰다

That's so bitter.
너무 써요.

…좀 빼주세요

영어로 싫어하는 것을 빼달라고 말할 때는 Hold를 사용합니다.

…좀 빼주세요

Please hold…

Could you hold…, please?

No…, please.

Please hold the onion.
양파 좀 빼주세요.

No garlic, please.
마늘 좀 빼주세요.

Please hold the egg.
달걀 좀 빼주세요.

Could you hold the bean sprouts, please?
콩나물 좀 빼주시겠어요?

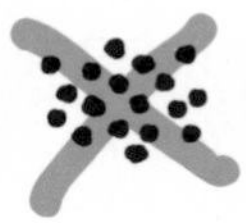

No pepper, please.
후추는 빼주세요.

…를 못 먹어요 / …알레르기가 있어요

MP3 10-61

음식을 주문할 때 못 먹는 것들을 미리 말한다면 알맞은 조치를 해줄 거예요.

…를 못 먹어요

I can't eat…
…를 못 먹어요

I can't eat spicy food.
매운 음식을 못 먹어요.

I can't eat carbs.
전분이 들어간 음식은 못 먹어요.

…를 안 먹어요

종교나 개인적인 이유로 일부러 먹지 않는 음식들도 있을 거예요. 그럴 때는 이렇게 말하세요.

… 알레르기가 있어요

알레르기는 어떤 음식을 싫어하거나 먹지 않는 것처럼 간단한 문제가 아니에요. 먹게 되면 몸에 이상이 생기고 심할 경우 생명이 위험한 경우도 있기 때문에 가까이해서는 안 되는 것이죠. 그렇기 때문에 알레르기가 있는 사람은 반드시 이를 알려야 합니다. 음식을 주문할 때에도 알레르기를 유발하는 재료가 들어 있는지 주의해야 해요.

I'm allergic to...
…알레르기가 있어요.

I'm allergic to shrimps.
나는 새우 알레르기가 있어요.

I'm allergic to nuts.
나는 견과류 알레르기가 있어요.

이 밖에도 주의해야 할 음식에 대한 표현이 있어요. 예를 들어볼게요.

I'm on a diet.
나는 다이어트 중이에요.

I'm a vegetarian.
나는 채식주의자예요.

62 주문에 문제가 생겼을 때

음식 주문 후에 잘못된 음식이 나왔거나 음식이 나오지 않았을 때는 종업원에게 뭐라고 이야기해야 할까요?

MP3 10-62

I'm still waiting for my food.
나는 아직도 음식을 기다리고 있어요.
(음식이 아직도 안 나왔어요.)

My order hasn't come yet.
음식이 아직도 나오지 않았어요.

음식이 나오지 않았을 때

How long will it take?
얼마나 걸려요?

Can you check it for me?
확인 좀 해주시겠어요?

This is not what I ordered.
제가 시킨 게 아니에요.

This is not my order.
제가 시킨 게 아니에요.

I didn't order this.
저는 이걸 시키지 않았어요.

▶ MP3 10-63

63 제가 살게요

친구와 밥을 먹고 계산할 때가 되면 내가 살지, 상대방이 살지, 각자 계산할지 정해야 할 거예요. 영어에서는 이렇게 표현합니다.

Let me pay for the meal.
이건 제가 살게요.

I'll treat you.
내가 살게.

It's my treat.
이번에는 내가 살게.

It's on me.
내가 살게.

64 각자 계산하기

각자 계산할 때 가장 자주 듣는 말은 Go dutch일 거예요. 다른 방법으로 표현하고 싶다면 이렇게 해봐요.

각자 계산하기

본인이 먹은 것을 각자 계산할 경우 이렇게 말해요.

I'm going to treat you.
제가 낼게요.

Let's share the bill.
반반씩 내자.

Let me pay for the meal.
내가 밥 살게.

Okay. Thank you, Tony.
그래 고마워, Tony.

계산하기

MP3 10-65

어떻게 계산할지 정했다면 종업원을 불러 계산을 하세요.

계산해주세요

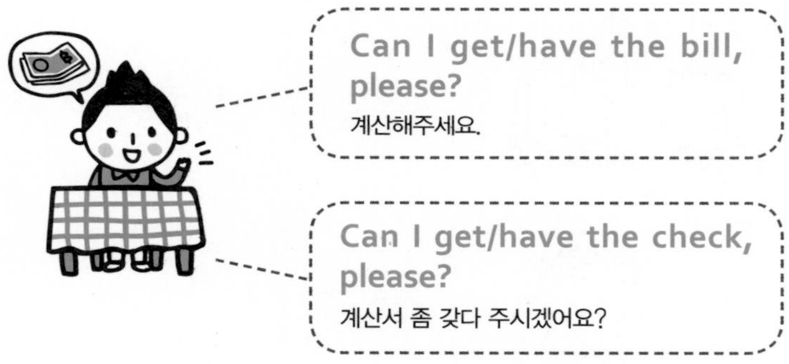

이렇게 짧게 말하는 방법도 있어요.

그렇다면 종업원은 '물론이죠'나 '그럼요'라고 말할 거예요. 이 말은 바로 가져다 주겠다는 뜻입니다. 아래 표현을 볼까요?

Can I get the bill, please?
계산서 좀 주시겠어요?

Certainly.
물론이죠.

전부 합해서 …입니다

종업원이 계산서와 함께 전체 금액을 알려줄 것입니다.

That would be 13,000 won, Sir.
모두 13,000원입니다.

That would be 7,500 won, Ma'am.
모두 7,500원입니다.

일상 교통수단
(DAILY TRANSPORTATION)

어떻게 왔어요?

상대방이 어떤 방식으로 왔는지 묻고 싶으면 이렇게 말해요.

How do you get to + 지점

(지점)에 어떻게 왔어요? / 어떻게 가요?

How do you get to school?
학교에 어떻게 가요? (무엇을 타고)

How do you get to the mall?
쇼핑몰에 어떻게 가요? (무엇을 타고)

How do you get here?
여기 어떻게 왔어요?

How do you get there?
저기 어떻게 가요?

차를 운전해서 / 차를 타고

다른 사람이 움직이는 교통수단이 아닌 자신이 직접 차나 오토바이를 운전하거나 자전거를 타고 오고 갈 경우는 영어로 이렇게 표현해요.

I ride a bike.
자전거를 타고 와요.

I ride a motorcycle.
오토바이를 타고 와요.

How do you get here?
여기 어떻게 왔어요?

I drive.
운전해서 왔어요.

I ride a bike. And you?
나는 자전거를 타고 왔어. 너는?

I ride a motorcycle.
나는 오토바이를 타고 왔어.

만약 걸어서 목적지에 도착했다면 아래 보이는 것처럼 walk나 on foot을 사용해요.

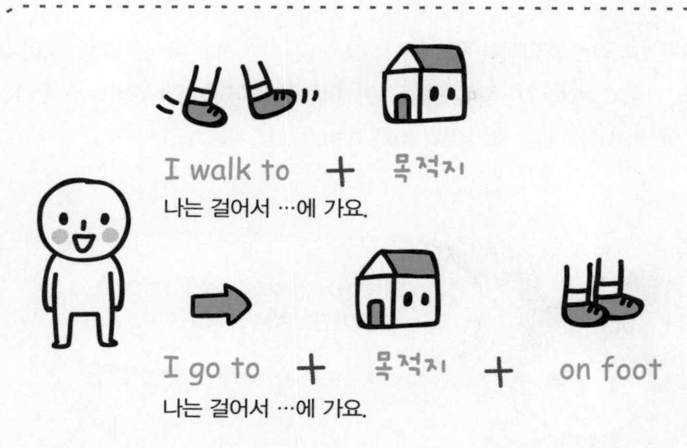

I walk to the market.
나는 가게까지 걸어서 가요.

I walk to the office.
나는 사무실까지 걸어서 가요.
(걸어서 출근)

I go to school on foot.
나는 학교까지 걸어서 가요.

I go to the park on foot.
나는 공원까지 걸어서 가요.

foot은 발이라는 뜻입니다. 하지만 foot은 on과 함께 쓰일 때 '걷다'라는 뜻이 생겨요. 그리고 on foot은 결코 맨발로 걷는다는 뜻이 아닙니다! '맨발로 걷다'라는 표현을 쓰고 싶을 때는 아래처럼 walk barefoot을 사용해요.

여러 가지 교통수단 이용하기

어떤 교통수단을 이용했는지 표현하고 싶을 때는 매우 간단해요! 바로 이렇게 말해보세요.

MP3 11-67

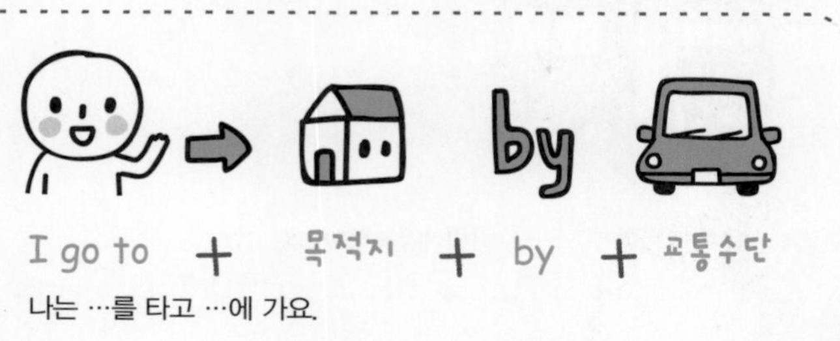

I go to + 목적지 + by + 교통수단

나는 …를 타고 …에 가요.

I go to school by car.
나는 학교에 차를 타고 가요.

I go to the countryside by train.
나는 시골에 기차를 타고 가요.

I go to the hospital by bus.

나는 병원에 버스를 타고 가요.

교통수단을 먼저 말해도 돼요. 이렇게 말해보세요.

I take/catch + 교통수단 + to + 목적지

나는 …를 타고 …에 가요.

  **here / there**

I take/catch + 교통수단 + here/there

나는 …를 타고 이곳에 / 저곳에 가요.

I take a taxi to the airport.
나는 택시를 타고 공항에 가요.

I catch a cab to the party.
나는 택시를 타고 파티에 가요.
(taxi는 cab이라고도 해요.)

I take an express boat here.
나는 쾌속선을 타고 이곳에 왔어요.

I will catch a train to the city center.
나는 기차를 타고 시내로 갈 거예요.

I will take the KTX to the concert.
나는 KTX를 타고 콘서트에 갈 거예요.

I take the subway to the office.
나는 지하철을 타고
사무실에 갈 거예요. (출근할 거예요.)

모든 교통수단을 표현할 때 반드시 앞에 'a'를 넣어줘야 하는 걸 주의하세요. KTX와 같은 고유명사에는 반드시 'the'를 사용해야 합니다. 영어의 관사법칙에 따릅니다.

68 택시 잡기

▶ MP3 11-68

택시를 타면 기사님께 어디를 가는지 말해야 하는데요. 어떤 말들이 있는지 함께 볼까요?

…로 가주세요

어디로 가달라고 말할 때는 take me to를 사용합니다. 그럼 기사님께서 목적지까지 잘 데려다주실 거예요.

Could you take me to + 목적지, please?
…로 가주시겠어요?

Could you please take me to + 목적지?
…로 가주시겠어요?

Could you take me to the police station, please?

경찰서로 가주시겠어요?

Could you please take me to Sinchon station?

신촌역으로 가주시겠어요?

Could you take me to ABC clinic, please?

ABC병원으로 가주시겠어요?

Could you please take me to the coffee shop?

카페로 가주시겠어요?

69 얼마나 멀어요?

MP3 11-69

잘 모르는 곳이라면 기사님께 '얼마나 멀어요?'나 '얼마나 걸려요?'라고 물어 보세요.

How far is + 목적지?
…까지 얼마나 멀어요?

How far is + 목적지 + from here?
여기서 …까지 얼마나 멀어요?

How far is it from here?
여기에서 얼마나 멀어요?

How long does it take?
얼마나 걸려요?

How far is the university?
대학교까지 얼마나 멀어요?

How far is the airport from here?
여기서 공항까지 얼마나 멀어요?

How far is it from here?
여기서 얼마나 멀어요?

How far is it?
얼마나 멀어요?

How long does it take?
얼마나 걸려요?

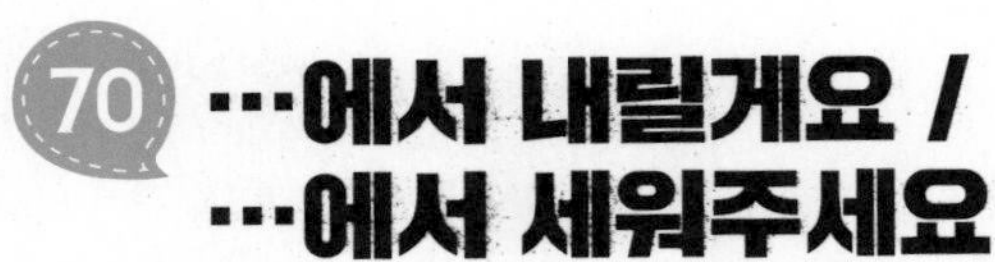

70 …에서 내릴게요 / …에서 세워주세요

차에서 내리는 것을 의미하는 단어는 **get off**입니다. 내리고 싶은 곳에 도착했다면 이렇게 말해보세요.

Let me get off at + 내릴 곳, please.

…에서 세워주세요.

Let me get off at the bus stop, please.

버스 정류장에서 세워주세요.

Let me get off at the corner of the street, please.
저 앞 코너에서 세워주세요.

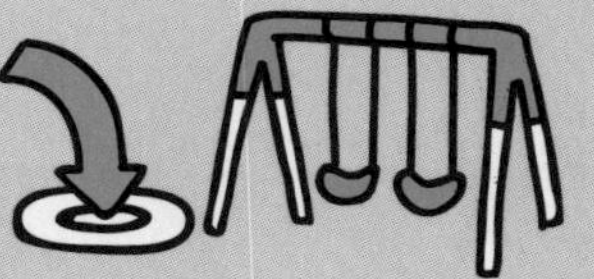

Let me get off at the playground, please.
놀이터에서 세워주세요.

택시로 이동 중에 영어로 세워달라는 말을 하고 싶다면 pull over라고 하면 됩니다. 완전한 문장은 pull over the car 혹은 pull the car over인데 모두 멈춤의 의미가 있습니다. 기사님이 어디에 세우냐고 물어본다면 이렇게 대답해보세요.

요금이 얼마예요?

MP3 11-71

영어에서 요금은 fare라고 합니다. 요금이 얼마인지 물어보고 싶을 때는 이렇게 말해요.

요금이라는 말이 들어가 있지는 않지만 같은 의미로 쓰이는 말이 있습니다.

PART 11 일상 교통수단

Let me get off at the bus stop, please.
버스 정류장에서 세워주세요, 감사합니다.

Yes, Sir.
알겠습니다.

How much is the fare?
요금은 얼마예요?

It would be 20,000 won, Sir.
20,000원입니다.

Here you go.
여기 있습니다.

Thank you, Sir.
Have a good day.
고맙습니다. 좋은 하루 되세요.

72 태워줄게요 / 데려다줄게요

태워줄게

친구에게 태워달라고 하거나 가는 길에 누군가를 태워줄 때 가장 중요한 단어가 있습니다. 바로 a ride예요. 예를 들어볼까요. MP3 11-72

need a ride 표현은 함께 대화하는 사람이 나를 태워줄 수 있는지 물어볼 때 쓰는 말입니다. 이 표현은 일반적으로 의문문으로 쓰입니다. 대략적인 뜻은 '태워줄까요?'나 '내 차에 탈래요?(가는 길에 같이 갈까?)'입니다.

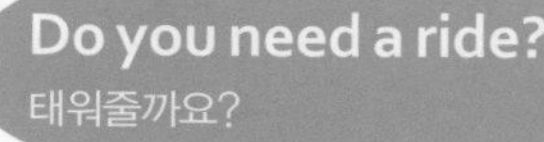

I need a ride, please.
응, 태워줘.

give a ride 표현은 누군가를 태워줄 때 사용하는 말입니다.

You're late now. Do you need a ride?
늦었네요. 태워줄까요?

It's okay. Thank you.
괜찮아요. 고마워요.

Come on. Let me give you a ride.
괜찮으니깐 타요. 내가 태워줄게요.

데려다주다

상대방을 걸어서 데려다줄 때 일반적으로 이 두 단어를 사용합니다.

walk

데려다주다

(일반적으로 걸어서 데려다주는 경우)

escort

배웅

(상대방을 안전하게 바래다주는 표현)

Frank always walks June home.

Frank는 항상 June의 집까지 데려다줘요.

Frank always escorts June home.

Frank는 항상 June의 집까지 바래다줘요.

첫 번째 문장을 보면 Frank가 일반적으로 June을 데려다준다는 뜻입니다. 하지만 사람들이 두 번째 문장의 escort 단어를 들었다면 다른 느낌을 받을 거예요. escort에는 이미 늦은 시간이거나 June에게 어떤 문제가 발생할까봐 안전하게 집까지 데려다줬다는 의미가 있습니다.

Kate asks Tony to walk her home.

Kate가 Tony에게 집까지 같이 걸어가달라고 했어요.

Kate asks Tony to escort her home.

Kate가 Tony에게 집까지 바래다달라고 했어요.

비행기 타기
PLANE TRAVEL

73 승무원과 이야기하기

음료는 어떤 걸로 하시겠어요?

승무원은 비행기 안에서 우리가 꼭 이야기를 나누게 될 사람입니다. 문제가 생기거나 여러 가지 서비스가 필요할 때 말이죠. 아래는 승무원이 음료 서비스를 제공할 때 하는 말이에요.

음료는 어떤 걸로 하시겠어요?

May I get you something to drink?
마실 것 좀 드릴까요?

What would you like to drink?
어떤 걸로 하시겠어요?

마실 생각이 없다면 이렇게 말하세요 .

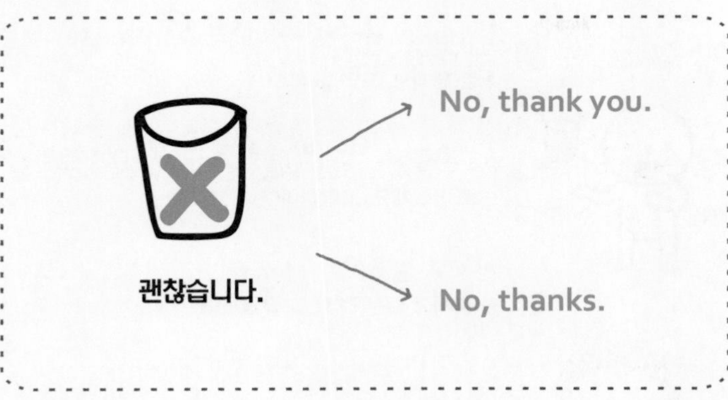

May I get you something to drink?
마실 것 좀 드릴까요?

No, thanks.
괜찮아요.

음료가 마시고 싶다면 이렇게 말하세요.

I'd like + 마시고 싶은 것, please.

…로 할게요, 고맙습니다.

I'll have + 마시고 싶은 것, please.

…로 마실게요, 고맙습니다.

마시고 싶은 것, please.

…(마시고 싶은 것)요, 고맙습니다.

I'd like a hot coffee, please.

따뜻한 커피로 부탁합니다.

I'll have an orange juice, please.

오렌지주스 부탁합니다.

Water, please.
물 주세요.

Hot tea, please.
따뜻한 차로 할게요.

탄산음료를 마시고 싶은데 어떤 탄산음료가 있는지 몰라서 물어보고 싶을 때는 이렇게 말해요.

What kind of + 음료 종류 + do you have?
어떤 (음료 종류)가 있나요?

일반적인 음료는 drinks라고 해요. 탄산음료는 영어로 보통 soda나 soft drinks라고 합니다. 포도주와 같은 술 종류는 보통 wine이라고 해요. 아래의 예를 볼까요.

What kind of drinks do you have?
어떤 음료가 있나요?

What kind of soft drinks do you have?
어떤 탄산음료가 있나요?

What kind of wine do you have?
어떤 종류의 와인이 있나요?

예문을 볼까요.

What would you like to drink?
음료는 어떤 걸로 하시겠어요?

What kind of drinks do you have?
어떤 음료가 있나요?

We have coffee, tea, beer, soda, wine, whisky and water.
커피, 차, 맥주, 탄산음료, 와인, 위스키 그리고 물이 있습니다.

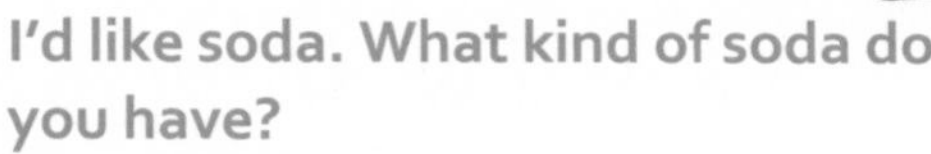

I'd like soda. What kind of soda do you have?

탄산음료로 할게요. 어떤 종류의 탄산음료가 있나요?

Sprite, coke, diet coke and orange.

스프라이트, 콜라, 다이어트 콜라 그리고 오렌지주스가 있습니다.

Coke, please.

콜라 주세요.

Here you are.

여기 있습니다.

74 기내식

비행기 안에서 하는 식사는 평소에 하는 식사와는 조금 다릅니다. 일반적으로 기내식은 선택의 폭이 넓지 않아요. 식사 시간이 되면 승무원은 아마 이렇게 물어볼 거예요.

Would you like... or...?
…와 …중 어떤 걸로 드시겠어요?

식사를 하고 싶다면 승무원에게 뭘 먹고 싶은지 간단하게 얘기하면 됩니다. 만약 먹고 싶지 않다면 승무원에게 예의를 갖추고 No, thank you라고 이야기하세요. 일반적으로 우리가 접할 수 있는 대화는 이럴 거예요.

Would you like chicken or pork?
닭고기와 돼지고기 중 어떤 거로 하시겠어요?

Chicken, please.
닭고기로 주세요.

No, thank you.
괜찮아요, 고맙습니다.

MP3 12-75

75 서비스 문의하기 / 문제 해결하기

비행기 안에서는 식사와 음료 이외에 여러 가지 서비스를 제공합니다. 승무원들은 일반적으로 어떤 서비스가 필요한지 이렇게 물어볼 거예요.

부족하거나 필요한 것이 있다면 승무원에게 이야기해주세요. 매우 친절하게 답해줄 거예요. 아래 물건들은 승객들이 많이 찾는 물건들이에요.

spoon
숟가락
pillow
베개
fork
포크
neck cushion
목 쿠션
blanket
담요
magazines
잡지
earphones
이어폰
newspapers
신문

필요한 걸 말할 때는 일반적으로 이런 표현을 사용합니다.

Could you please give me + 필요한 물건

…좀 가져다 줄 수 있나요?

Can I have + 필요한 물건, please?

…좀 줄 수 있나요?

Could you please give me a blanket?

담요 좀 가져다 줄 수 있나요?

Could you please give me earphones?

이어폰 좀 가져다 줄 수 있나요?

Can I have a newspaper, please?

신문 좀 주시겠어요?

Can I have an arrival card, please?

입국 카드 좀 주시겠어요?

이미 가져다준 물건이 조금 더 필요하다면 more나 another를 말한 후 필요한 물건을 말하면 됩니다.

Can I have some more fish sauce, please?

생선용 소스 좀 더 가져다 줄 수 있나요?

Can I have another pillow, please?

베개 하나 더 줄 수 있나요?

어떤 물건이 있는지 물어보고 싶을 때는 아래의 표현대로 말하면 됩니다.

Do you have + 필요한 물건?

…(물건) 있어요?

Do you have any magazines?

아무 잡지나 있나요?

Do you have any newspapers?

아무 신문이나 있나요?

MP3 12-76

몇 시에 이륙해요?/ 몇 시에 착륙해요?

(비행기가) 몇 시에 이륙해요?

'비행기가 몇 시에 이륙해요?'라고 물어보고 싶을 때는 보통 departure time(출발 시간)을 사용해서 말합니다. 예를 들어볼게요.

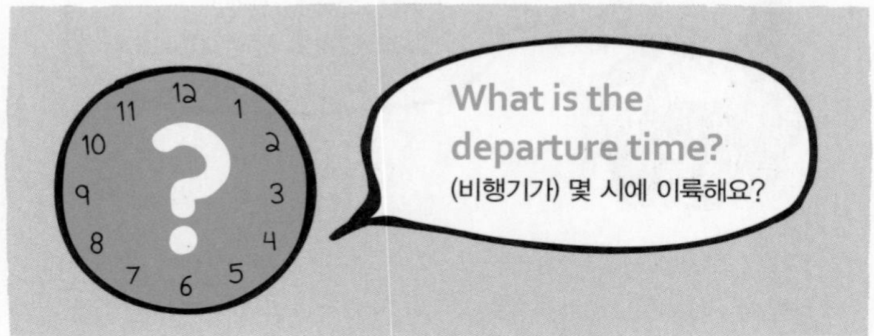

Excuse me, Miss. What's the departure time?
실례합니다. (비행기가) 언제 이륙해요?

9:30, Sir.
9시 반입니다.

(비행기가) 몇 시에 착륙해요?

'비행기가 언제 착륙해요?'라고 물어보고 싶을 때는 조금 전에 배운 '몇 시에 이륙해요?'와 매우 비슷해요. departure time(출발 시간)을 arrival time(도착 시간)으로 바꿔주기만 하면 돼요. 예를 들어볼게요.

착륙을 뜻하는 landing이라는 단어도 있어요. 이 단어는 착륙하는 정확한 시간을 강조하는 느낌이 있어요.

Excuse me. How long does it take until landing?
실례합니다. 착륙하는 데까지 얼마나 걸리나요?

2 hours.
2시간 걸립니다.

아래는 비행기 안에서 승무원에게 자주 물어보는 질문들입니다. 알고 싶은 것들이 있다면 바로 이렇게 물어보세요.

When will you serve the meal?
식사는 언제 나오나요?

What is the local time in + 알고 싶은 국가의 도시?
지금 …(도시)는 몇 시에요?

What is the temperature in + 알고 싶은 국가의 도시?
지금 …(도시)는 몇 도에요?

Where is the lavatory?
화장실이 어디에요?

Memo

영어에서 화장실을 뜻하는 단어는 bathroom, restroom, toilet 등으로 굉장히 많습니다. 상황에 맞게 단어를 선택해서 사용하세요. 비행기나 대중교통에 설치된 화장실을 말할 때는 주로 lavatory라는 단어를 사용합니다.

한국 시간과 비교하기

한국과 비교해서 '몇 시간 빠르다' 혹은 '느리다'로 표현할 때는 아래의 형식대로 합니다.

It is + 시간 + ahead of Korea.
한국보다 …시간 / …분 빨라요.

It is + 시간 + behind Korea.
한국보다 …시간 / …분 느려요.

It is 2 hours ahead of Korea.
한국보다 2시간 빨라요.

It is 7 hours ahead of Korea.
한국보다 7시간 빨라요.

It is 14 hours behind Korea.
한국보다 14시간 느려요.

It is 5 hours behind Korea.
한국보다 5시간 느려요.

길 물어보기
DIRECTIONS

MP3 13-78

78 길을 잃었어요

길을 잃어버렸을 때는 이렇게 말해요.

길을 잃었을 때 도움 구하기

도움을 구하기 전에 반드시 이 문장을 먼저 말하세요. 그래야만 상대방의 소중한 시간을 뺏어서 죄송하다는 의미를 전달할 수 있기 때문이죠.

상대방이 Yes나 Sure라고 대답했다면 그건 긍정의 의미입니다. 요청을 받아 도움을 주겠다는 뜻이니 어떤 도움이 필요한지 얘기해보세요.

Could you please help me?
저를 좀 도와주실 수 있나요?

Can I ask you a question?
말씀 좀 물어보겠습니다.

Excuse me.
실례합니다.

Yes.
네.

I think I'm lost.
Can I ask you a question?
길을 잃은 것 같아요, 말씀 좀 물어볼게요.

Sure.
얼마든지요.

상대방이 나서서 도움을 주는 경우도 있어요. 아마 이렇게 말할 거예요.

그렇다면 매우 예의바르게 Yes, please라고 하고 알고 싶은 게 무엇인지 혹은 도움받고 싶은 게 무엇인지 말해보세요.

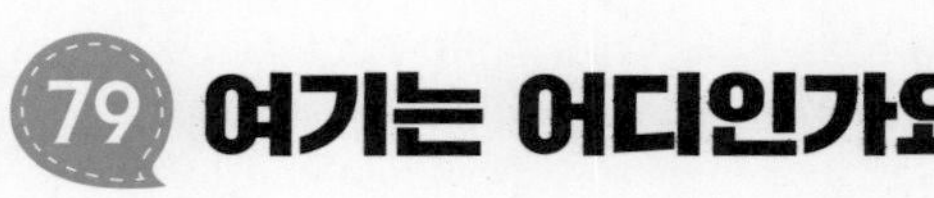

79 여기는 어디인가요?

MP3 13-79

지금 있는 곳이 어딘지 알고 싶나요? 영어에서는 보통 이렇게 질문합니다.

Yes, please.
What is this place?
부탁드릴게요, 여기가 어디인가요?

Excuse me.
실례합니다.

Sure. Can I help you?
네, 무엇을 도와드릴까요?

I'm lost. Where am I?
제가 길을 잃었어요. 제가 있는 곳은 어디인가요?

…를 말해줄 수 있나요?

ⓟ MP3 13-80

도움을 요청할 때 예의를 지켜 말하면 듣기에도 매우 좋고, 상대방도 도와주고 싶은 마음이 커질 거예요. 아래의 표현들로 예의 바르게 질문하는 방법을 알아볼게요.

Could you please tell me + 알고 싶은 것?
…에 대해서 말씀해주실 수 있나요?

Could you tell me + 알고 싶은 것?
…에 대해서 말해줄 수 있나요?

Excuse me.
Could you please tell me where I am?

실례합니다. 제가 어디에 있는지 말씀해주실 수 있나요?
(여기가 어디에요?)

Excuse me. Could you tell me what this place is?
실례합니다. 여기가 어딘지 좀 말씀해주실 수 있나요?

Excuse me. Please tell me where the bus stop is?
실례합니다. 버스 정류장이 어딘지 좀 말씀해주실 수 있나요?

Could you please로 문장을 시작할 때 뒤에 오는 문장은 구조가 아래처럼 바꾸어야 해요. 절대 잊지 말아요!

Where am I?
Could you please tell me where ~~am I~~ I am?

Where is it?
Could you please tell me where ~~is it~~ it is?

81 …에 어떻게 가요?

ⓟ MP3 13-81

목적지에 어떻게 가는지 물어볼 때는 **How to get to**를 사용하면 됩니다. 사용하는 방법이 굉장히 많으니 한번 살펴볼게요.

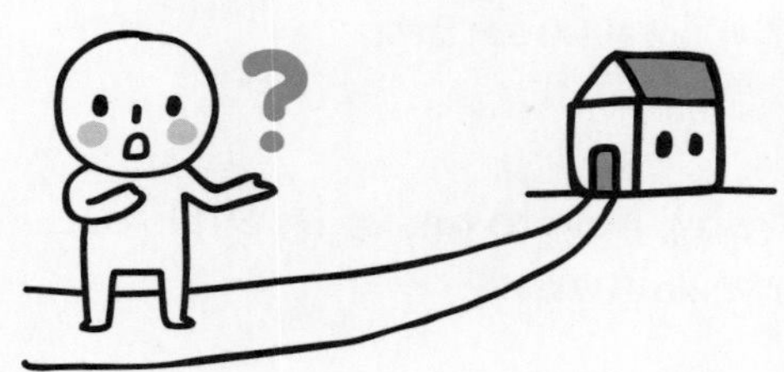

Could you please tell me how to get to + 목적지?
…에 어떻게 가는지 좀 말씀해주실 수 있나요?

I don't know how to get to + 목적지?
…에 어떻게 가야 하는지 모르겠어요.

Do you know how to get to + 목적지?
…에 어떻게 가는지 알고 계세요?

How can I get to + 목적지?
…에 어떻게 가야 돼요?

Could you please tell me how to get to Daehakro?
대학로에 어떻게 가는지 좀 알려주실 수 있나요?

I don't know how to get to Daehakro.
대학로에 어떻게 가야 하는지 모르겠어요.

Do you know how to get to Daehakro?
대학로에 어떻게 가는지 아세요?

How can I get to Daehakro?
대학로에 어떻게 가야 돼요?

82 많이 멀어요?

MP3 13-82

영어로 '많이 멀어요?'나 '얼마나 멀어요?'라고 물어보는 법을 배웠어요. 자, 이제 다시 한 번 복습해봅시다.

How far is it from here?
여기서 얼마나 멀어요?

How long does it take?
얼마나 걸려요?

How far is + 목적지 + from here?
여기에서 …까지 얼마나 멀어요?

How far is the hospital from here?
여기서 병원까지 얼마나 멀어요?

How far is your office from here?
여기서 당신 사무실까지 얼마나 멀어요?

How far is the museum from here?
여기서 박물관까지 얼마나 멀어요?

How far is the school from here?
여기서 학교까지 얼마나 멀어요?

대답해주는 사람이 이제 얼마나 걸리는지 대답해줄 거예요. 아래 예문들을 보겠습니다.

How far is Daehakro from here?
여기서 대학로까지 얼마나 멀어요?

10 minutes away on foot.
걸어서 10분 정도 걸려요.

83 가는 방법 말하기

MP3 13-83

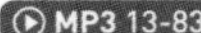

이번에는 길을 설명하는 방법에 대해서 알아보겠습니다. 일반적으로 직진, 좌회전, 우회전, 유턴처럼 방향으로 사람들에게 설명하는 경우가 많아요. 영어로는 어떻게 표현하는지 알아볼게요.

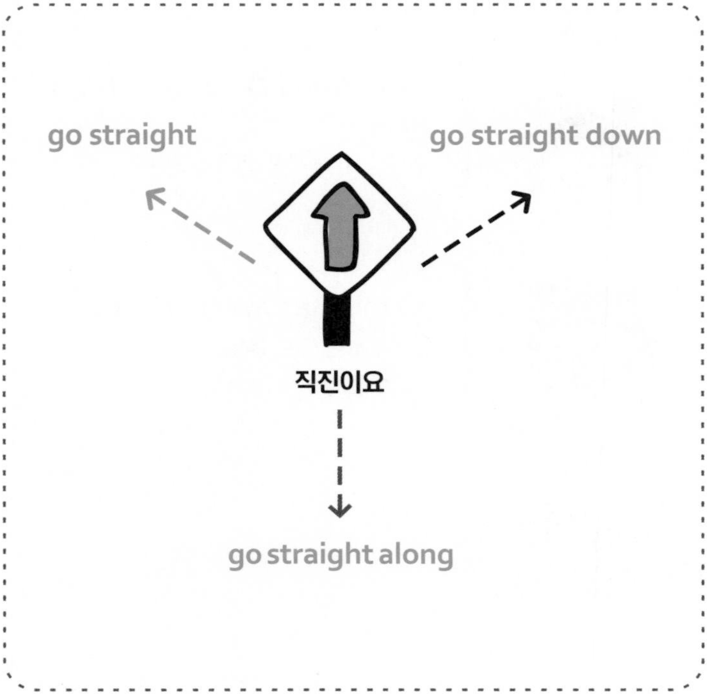
go straight
go straight down
직진이요
go straight along

좌회전 / 우회전

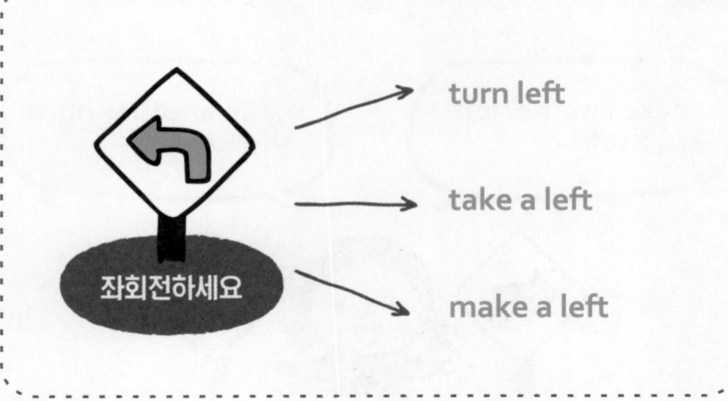

좌회전하세요
turn left
take a left
make a left

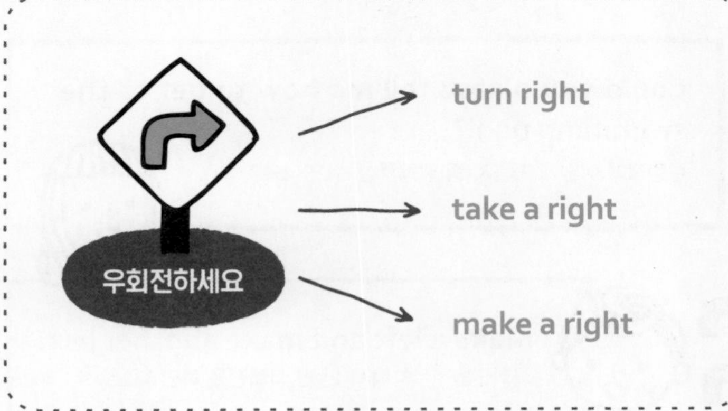

우회전하세요
turn right
take a right
make a right

다시 좌회전 / 다시 우회전

다시 한 번 좌회전이나 우회전을 해야 하는 경우에는 another을 사용해서 표현해요.

make another left
다시 좌회전하세요.

make another right
다시 우회전하세요.

Could you please tell me how to get to the swimming pool?
수영장에 어떻게 가는지 좀 말해주실 수 있나요?

Make a left and make another left.
좌회전을 한 후 다시 한 번 좌회전을 하면 돼요.

왼편에 / 오른편에

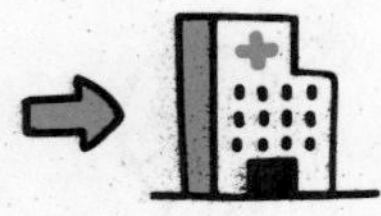

on your left

왼편에

on your right

오른편에

Please tell me how to get to Starbucks.
스타벅스에 어떻게 가야 하는지 좀 알려주세요.

Go straight down on the road. Starbucks is on your left.
길을 따라 앞으로 가면 스타벅스는 왼쪽에 있을 거예요.

맞은편에

the opposite side of...

…의 맞은편에

Do you know where the police station is?

경찰서가 어디 있는지 아세요?

Yes. It is the opposite side of the road.

네, 이 길 맞은편에 있어요.

유턴

make a u-turn

유턴하다.

make a u-turn at...

...(장소)에서 유턴하다.

Could you please tell me how to get to the party?

파티에 어떻게 가는지 좀 말해주시겠어요?

Go straight and make a u-turn at the traffic lights.

직진한 후 신호등에서 유턴해주세요.

…가 나올 거예요

길을 따라가면 무엇이 보이는지 별도의 설명을 더하고 싶다면 hit나 reach를 사용하면 됩니다.

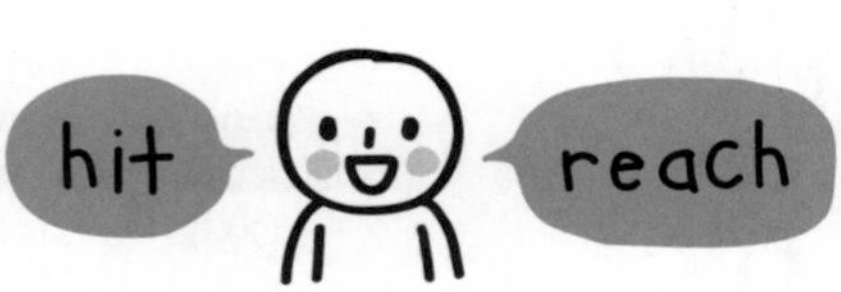

when you hit… …에 가면(도달하면)	until you hit… …가 보일 때까지
when you reach… …에 갔을 때	until you reach… …가 나올 때까지

Could you please tell me where the post office is?

우체국이 어디에 있는지 좀 말해주시겠어요?

Yes. Go straight until you hit the intersection. Then turn left.

네, 사거리가 나올 때까지 직진하세요.
그리고 좌회전해주세요.

84 목적지에 도착했어요

MP3 13-84

가는 방법을 충분히 설명했다면 마지막에 목적지에 도착할 수 있다고 말해 봅시다.

you will hit...
…에 갈 수 있을 거예요.

you will reach...
…에 도착할 거예요.

... is over there.
…가 바로 거기예요.

... is right there.
…예요.

You will hit the bus stop.
버스 정류장이 보일 거예요(도착한다는 뜻).

You will reach the parking lot.
주차장에 도착할 거예요.

The drugstore is over there.
약국이 바로 거기 있어요.

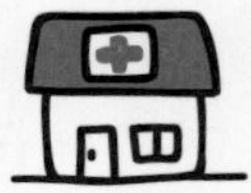

The coffee shop is right there.
커피숍은 거기 있어요.

대화 예문을 볼게요.

Excuse me. Where is the badminton court?
실례합니다. 베드민턴장이 어디 있나요?

Make a left and make another left.
좌회전을 하고, 다시 한 번 좌회전을 하면

You will hit the badminton court.
베드민턴장이 나올 거예요.

Could you please tell me how to get to the meeting room, Miss?
회의실을 어떻게 가는지 좀 알려주실 수 있나요?

Take a right and go straight along the hall. The meeting room is right there.
우회전을 한 후 홀을 따라서 쭉 가면 회의실이 나올 거예요.

MP3 13-85

85 랜드마크

방향으로 길을 설명하는 방법 이외에 랜드마크를 통해 설명하는 방법이 있습니다. 영어로 랜드마크를 예로 들어 어떻게 길을 설명하는지 알아볼게요.

traffic lights
신호등

intersection
사거리

flyover/overpass
고가 도로

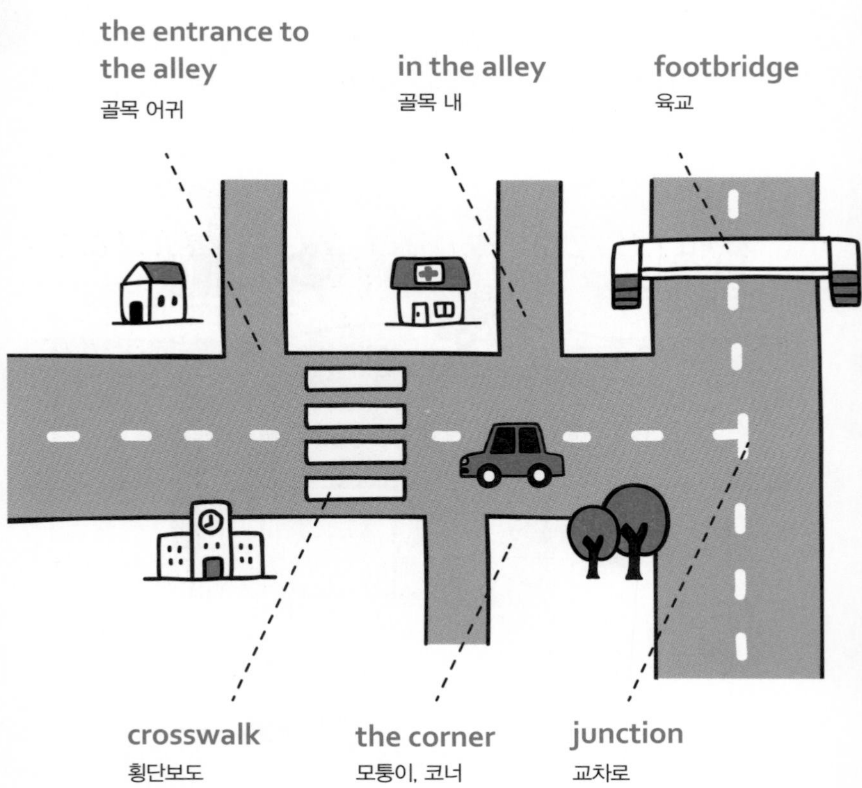
the entrance to the alley
골목 어귀
in the alley
골목 내
footbridge
육교
crosswalk
횡단보도
the corner
모퉁이, 코너
junction
교차로

railway
철로

sign
교통 표지판

lamppost
가로등

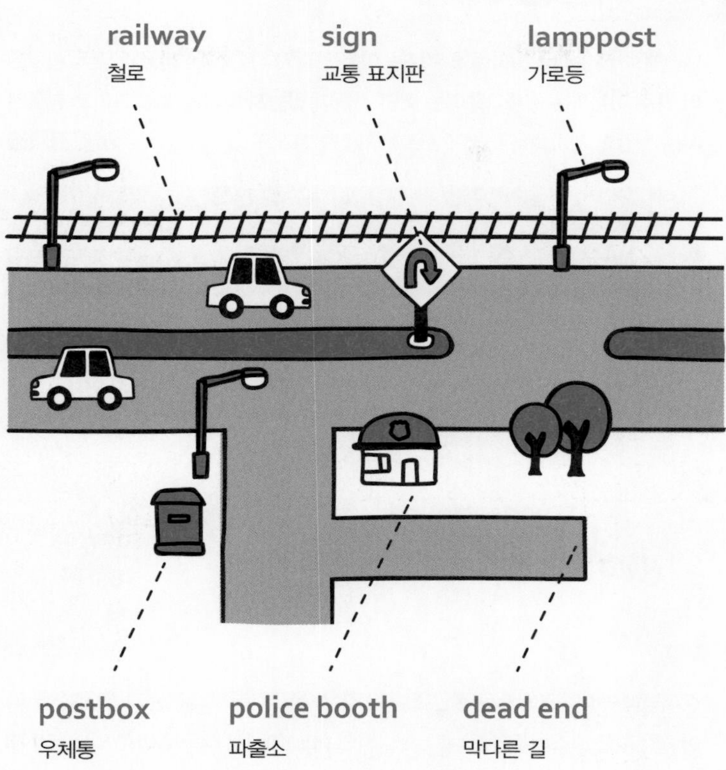

postbox
우체통

police booth
파출소

dead end
막다른 길

86 전철 / 지하철 타는 방법 설명하기

나라별로 전철이나 지하철을 부르는 이름은 각기 다릅니다. 미국과 영국 사람들이 자주 이용하는 대중교통에는 어떤 것들이 있는지 알아볼게요. 그리고 한국에서는 전철과 지하철을 어떻게 부르는지 알아볼게요. MP3 13-86

종류	명칭		
	영국	미국	한국
전철	DLR (Docklands Light Railway)	monorail	train
지하철	underground tube	monorail	subway metro

상대방에게 대중교통으로 길안내를 할 경우 어느 역에서 내리는지, 몇 호선을 타야 하는지를 강조해주면 됩니다. 왜냐하면 어느 역에서 타든 올바른 역에서만 내리고 맞는 출구로 나가기만 하면 목적지에 쉽게 도착할 수 있기 때문입니다. 영어로 어떻게 설명해야 하는지 알아볼게요.

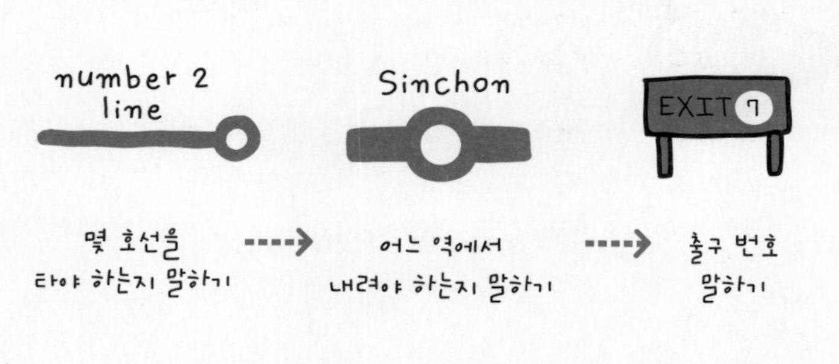

몇 호선을 타야 하는지 설명하기

가장 먼저 몇 호선을 타야 하는지 말해야 합니다. 이렇게 해보세요.

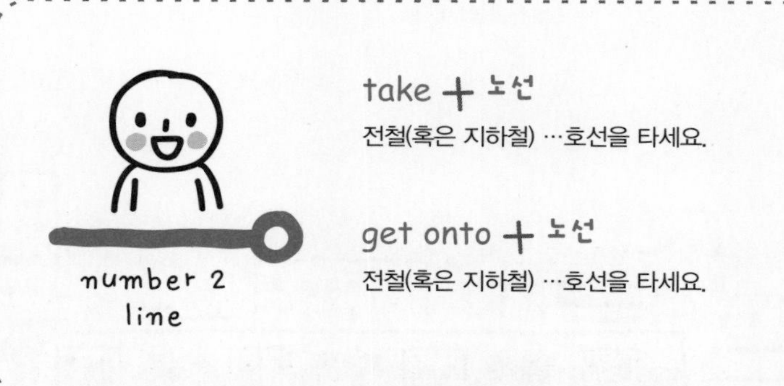

Take the Blue line.
파란색 노선을 타세요.

Get onto the Red line.
빨간색 노선을 타세요.

Take the line number 2.
2호선을 타세요.

Get onto the line number 5.
5호선을 타세요.

⋯역에서 내리세요

몇 호선을 타야 하는지 말해줬다면 어느 역에서 내려야 하는지를 설명합니다.

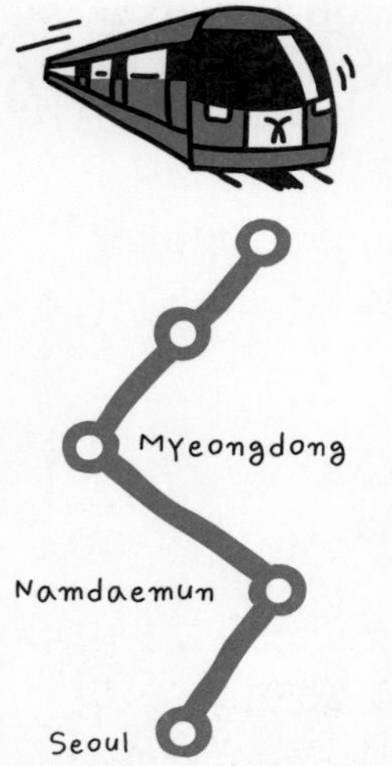

- **Get off at Seoul station.**
  서울역에서 내리세요.
- **Get off at Namdaemun station.**
  남대문역에서 내리세요.
- **Get off at City Hall station.**
  시청역에서 내리세요.
- **Get off at Myeongdong station.**
  명동역에서 내리세요.

출구

go out through + exit no.

…번 출구로 나가세요.

take + exit no.

…번 출구로 나가세요.

– **Go out through exit no. 2.**

2번 출구로 나가세요.

– **Go out through exit no. 3.**

3번 출구로 나가세요.

– **Take exit no. 1.**

1번 출구로 나가세요.

– **Take exit no. 4.**

4번 출구로 나가세요.

전철이나 지하철을 어떻게 타는지 설명하는 완전한 문장의 예를 볼게요.

경복궁으로 가기

Take line no.3, get off at Gyeongbokgung station and take exit no. 5 to Gyeongbokgung Palace.

3호선을 타고 경복궁역에서 내려서 5번 출구로 가면 경복궁으로 갈 수 있어요.

국립중앙박물관으로 가기

Take line no.4 or the Jungang line, get off at Ichon station and take exit no. 2.

4호선 혹은 중앙선을 타고 이촌역에서 내린 후 2번 출구로 나가세요.

Then go straight to Yongsan family Park

그리고 용산가족공원으로 직진하세요.

Then You will hit the National Museum of Korea on your left.

그러면 왼쪽에 국립중앙박물관이 나올 거예요.

예제에서 국립중앙박물관에 가려면 지하철을 내리고 바로 도착하는 게 아니라 더 가야 한다는 것을 알 수 있습니다. 이제는 대중교통을 이용해서 어디서 내려야 하는지, 그 후에는 어떻게 가야 하는지 말할 수 있겠지요.

약속
APPOINTMENTS

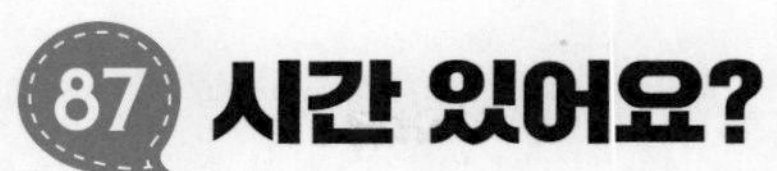

…에 시간 있어요?

약속을 잡거나 함께 놀러 가고 싶은 사람이 있을 때 보통 시간이 있냐고 물어봅니다. 영어로는 보통 free나 available이라고 말합니다. 상대방에게 괜찮은지 혹은 다른 일은 없는지 물어볼 때 쓰는 말입니다. 이 두 단어는 여러 상황에서 자주 쓰이니 제대로 알아봅시다.

Are you free/available + 시간?

Are you available tonight?
오늘 밤에 시간 돼요?

Are you free next week?
다음 주에 시간 있어요?

Are you available at 3 p.m.?
오후 3시에 시간 돼요?

Are you available on Monday?
월요일에 시간 돼요?

Are you free in April?
4월에 시간 있어요?

예문들을 보면서 특이한 점이 없었나요? 상대방에게 시간이 있는지 물어볼 때 뒤의 단어에 따라 at, in, on을 사용하는 걸 볼 수 있을 거예요. 어떤 문장에서는 전치사가 쓰이지 않는 문장도 있습니다. 그 이유는 바로 영어 문법 때문이에요. 굉장히 복잡하지만 반드시 알아야 하는 거예요. 시간에 따라 어떤 전치사를 쓰는지 한번 알아볼게요.

요일의 앞에는 on을 쓴다.

예 : on Monday(월요일에), on Wednesday(수요일에)

월 앞에는 in을 쓴다.

예 : in April(4월에), in October(10월에)

시간 앞에는 at을 쓴다.

예 : at 8 o'clock(오전 8시에), at 4 p.m(오후 4시에)

일정한 기간 앞에는 전치사를 쓰지 않는다.

예 : next week(다음주), tonight(오늘 밤)

전치사	요일	전치사	월	전치사	시간(지정된 시간)
on	Sunday Monday Tuesday Wednesday Thursday Friday Saturday	in	January February March April May June July August September October November December	at	... o'clock ... o'clock in the morning ... o'clock in the afternoon ... a.m. ... p.m.
					시간 (지정되지 않은 시간)
				전치사를 사용하지 않음	today this morning tonight tomorrow next...

…(시간)에 뭐 하러 갈래요?

정한 시간에 무엇을 하러 가자고 할 때는 어떻게 물어봐야 할까요?

Are you free for + 활동 + 시간?

…(시간)에 뭐 하러 갈래요?

Are you free for the concert tonight?
오늘 밤에 콘서트 보러 갈래요?

Are you available for dinner next week?
다음 주 저녁(식사)에 시간 되세요?

Are you free for a meeting at 4 p.m.?
오후 4시에 회의에 참석할 수 있어요?

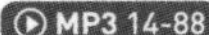

상대방이 시간이 있는지 물어봤을 때는 어떻게 대답해야 할까요? 시간이 있다는 표현은 확실한 정도에 따라 여러 가지가 있어요. 예를 들어볼게요.

possibly
아마도 시간 있을 거예요(될 거예요).

probably
아마도 될 거예요.

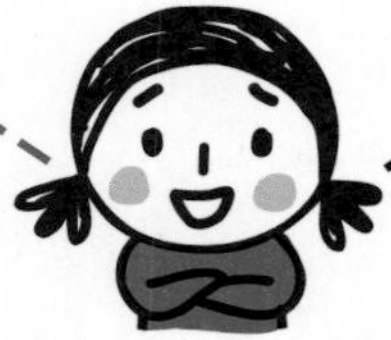

거의 될 거 같아요(시간이)

maybe
아마도 시간이 될 것 같아요.

Are you free for the concert tonight?
오늘 밤 콘서트에 갈 시간이 있어요?

Maybe. Let me check my appointment book.
아마도. 다이어리 좀 확인해 볼게요.

Kate는 같이 가고 싶지만 시간이 되는지 확실하지 않기 때문에 maybe로 표현했어요. 그래서 우선 다이어리를 확인해본다고 한 거예요.

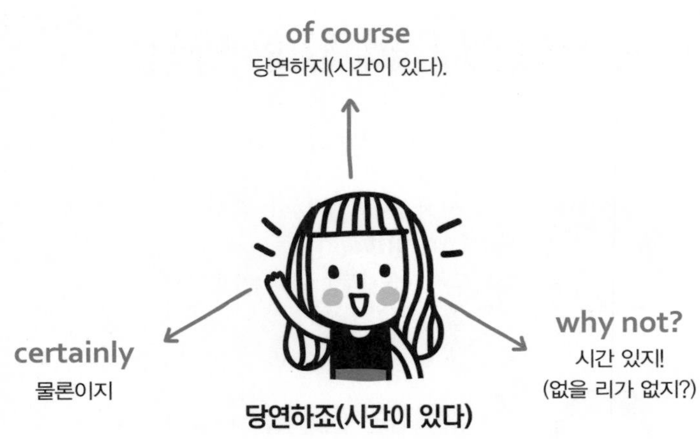

Mary는 시간이 있다는 걸 강조하기 위해 of course라는 표현을 사용했어요.

89 어디서 / 몇 시에 봐요

MP3 14-89

시간이 된다는 걸 확인했으면 만나는 장소와 시간을 정해야겠죠?

I'll see you + at + 장소 + at + 시간.

…(시간)에 …(장소)에서 봐요.

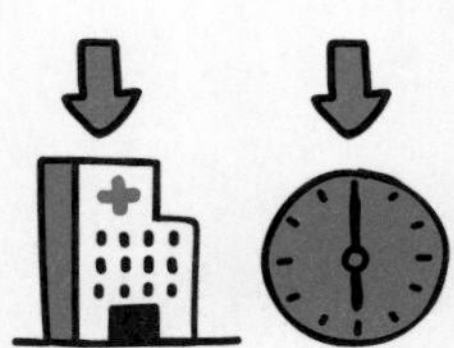

I'll see you at the hospital at 6 p.m.

오후 6시에 병원에서 봐요.

I'll see you at the ABC mall at 2 p.m.

오후 2시에 ABC 몰에서 봐요.

I'll see you at the swimming pool at 10 o'clock.

10시에 수영장에서 봐요.

I'll see you at the coffee shop at 8 o'clock.

8시에 커피숍에서 봐요.

I'll see you at the zoo at 9 a.m.

오전 9시에 동물원에서 봐요.

at을 사용해서 시간과 장소를 말할 때

시간과 장소 앞에 at이 오는 걸 주의 깊게 보았나요? 일반적으로 틀린 문장을 제외하고는 시간과 장소를 나타내는 문장에서 모두 at을 볼 수 있을 거예요. 완전한 문장의 예를 한번 볼게요.

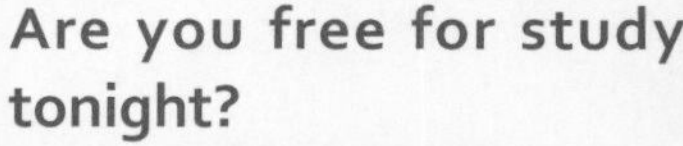

Are you free for study tonight?
오늘 밤에 공부할 시간 있어요?

Sure. Why not?
물론이죠. 안 될 이유가 없죠.

I'll see you at the library at 7 p.m.
오후 7시에 도서관에서 봐요.

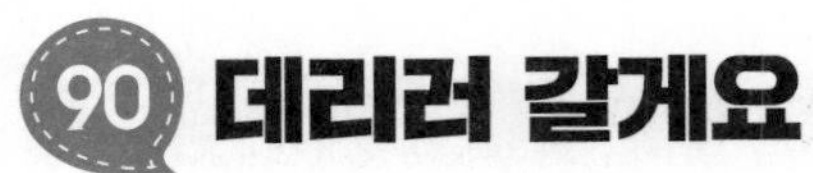

90 데리러 갈게요

MP3 14-90

상대방을 데리러 가겠다고 영어로 말할 때는 pick up을 사용합니다.

I'll pick you up + at + 시간.

…(시간)에 데리러 갈게요.

I'll pick you up at 2 p.m.

오후 2시에 데리러 갈게요.

I'll pick you up at 7 o'clock.

7시에 데리러 갈게요.

I'll pick you up from + 장소 + at + 시간.

…(장소)로 …(시간)에 데리러 갈게요.

I'll pick you up from home at 9 o'clock.
9시에 집으로 데리러 갈게요.

I'll pick you up from school at 3 p.m.
오후 3시에 학교로 데리러 갈게요.

I'll pick you up from the airport at 11 p.m.
11시에 공항으로 데리러 갈게요.

I'll pick you up from the gym at 4 p.m.
오후 4시에 체육관으로 데리러 갈게요.

Okay. I'll see you at 4 p.m.
응, 오후 4시에 봐요.

91 같이 갈래요?

MP3 14-91

Are you free for 표현 이외에도 약속을 잡을 때 사용하는 표현이 있습니다. 대화가 너무 심심하지 않도록 여러 표현들을 사용해봅시다.

I'd like to take you out for + 할 일.
…에 데려가서 …를 하고 싶어요.

Can I ask you for + 할 일?
…에 같이 갈래요?

Would you like to go out for + 할 일?
…하러 가지 않을래요?

I'd like to invite you to + 할 일.
…하는데 당신을 초대하고 싶어요.

Shall we + 할 일?
우리 같이 …할래요?

Let's + 할 일!
…하자!

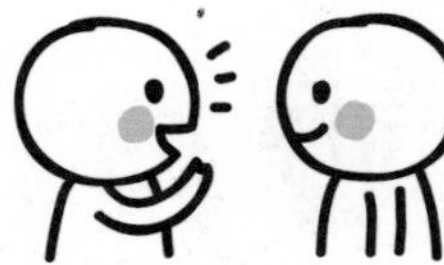

같이 밥 먹자

I'd like to take you out for dinner.
내가 저녁 한 끼 살게요.

I'd like to invite you to have lunch.
점심 식사하는 데 초대하고 싶어요.

Shall we have breakfast?
우리 같이 아침 먹을래요?

Let's grab a bite.
우리 뭐 간단한 거 먹으러 가자!

grab a bite는 미국에서 쓰는 표현입니다. 식사가 아닌 간단하게 먹는 간식 등을 나타내는 말이에요.

같이 차 / 커피 마시자

Would you like to go out for a coffee?
커피 마시러 갈래요?

Can I ask you for a nice coffee?
맛있는 커피 마시러 안 갈래요?

Let's have afternoon tea.
우리 점심에 차 마시러 가자!

같이 술 마시자 / 밤에 놀자

Let's hang out sometime.
언제 같이 술 마시러 가자.

Let's go outside.
우리 나가자.

Let's chill tonight.
오늘 밤에 놀러 가자!

초대에 응하기

상대방의 초대에 yes나 okay로 동의하는 것 외에 훨씬 더 많은 표현들이 있으니 같이 공부해요!

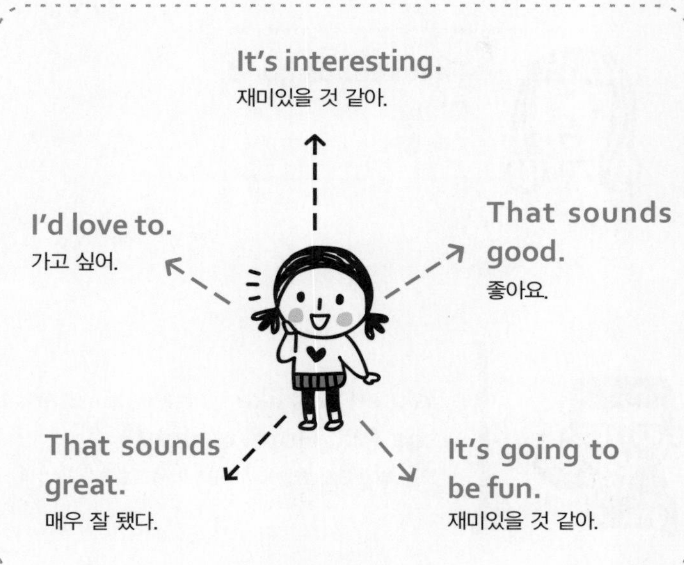

Memo

That sounds good과 That sounds great는 Sounds good이나 Sounds great로 줄여 쓸 수 있어요.

Shall we go have a coffee?
우리 같이 커피 마시러 갈래?

That sounds good. Okay.
그래, 좋아.

Would you like to have dinner at the ABC Hotel tonight?
오늘 밤 ABC 호텔에서 저녁 먹을래요?

I'd love to. It's going to be fun.
재미있겠네요. 갈래요.

93 초대에 거절하기

MP3 14-93

상대방의 초대에 도저히 응할 수 없는 상황이 있을 거예요. 한국어에는 상대방의 기분을 상하지 않기 위해 완곡하게 거절하는 표현들이 있습니다. 영어도 마찬가지예요. 완곡하게 거절하는 표현은 어떤 것들이 있는지 알아볼게요.

I'm afraid I can't.
안 될 것 같아요.

I'd love to but I really can't.
가고 싶은데 갈 수가 없어요.

I'd love to but I need to...
가고 싶은데 나는 …를 해야 해요.

I don't think I can.
아마 안 될 거 같아요.

I can't make it.
갈 수가 없어요.

Let's have dinner.
같이 저녁 먹자!

I'm afraid I can't.
아마 안 될 것 같아.

I'd like to take you out for a dinner.
나랑 같이 저녁 먹으러 가자.

I'd love to but I don't think I can.
가고 싶은데 아마 안 될 거 같아.

Can I ask you out for dinner?
같이 저녁 먹으러 안 갈래요?

I'd love to but I need to work.
가고는 싶은데 오늘은 일해야 해요.

약속 시간 변경하기

▶ MP3 14-94

같이 뭔가를 하고 싶은데 그럴 수 없다면 약속 시간을 변경해 보는 건 어때요? 이렇게 하면 될 거예요.

Could we + 할 일 + 날짜 / 시간 + instead?
그럼 …에 …하는 걸로 할까요?

What/How about + 날짜 / 시간?
그럼 …는 어때?

Could we have dinner at 8 p.m. instead?
그럼 우리 8시에 저녁 먹는 건 어때요?

Could we go shopping tomorrow instead?

내일 쇼핑 가는 건 어때요?

Could we have lunch next week instead?

다음 주에 점심 식사를 하는 건 어때요?

How about 7 p.m.?

저녁 7시는 어때요?

What about this weekend?

이번 주말은 어때요?

How about tonight?

오늘 밤은 어때요?

아래 대화의 예를 봅시다.

Are you free for a dinner with me this Friday?
이번 주 금요일에 저랑 저녁 식사하지 않을래요?

I'm afraid not. What about Wednesday?
안 될 것 같아요. 수요일은 어때요?

I'd like to invite you to have lunch this weekend.
이번 주말 점심 식사에 초대하고 싶어요.

That sounds great but I need to work. How about next weekend?
좋은데, 그 날은 일해야 해요.
다음 주말은 어때요?

Let's hang out tonight.

오늘 밤 함께 놀자.

I'd love to but I really can't. Can we meet tomorrow night instead?

가고 싶은데 정말 안 될 것 같아.
내일밤은 어때?

Shall we have coffee on Tuesday?

화요일에 커피 한 잔 할까요?

I can't make it on Tuesday.
How about Thursday?

화요일은 안 될 것 같아요. 목요일은 어때요?

95 영화 보기

MP3 14-95

영어로 '영화를 보다'는 주로 see a movie나 watch a movie라고 합니다. 함께 영화를 보고 싶은 사람이 있다면 이렇게 말해보세요. 이미 배웠던 문장에 더해 주기만 하면 됩니다.

Shall we watch a movie?
우리 같이 영화 보러 갈래요?

Would you like to see a movie?
영화 보러 갈래요?

Do you want to see a movie?
영화 볼래?

MP3 14-96

96 쇼핑 가기

영어로 '쇼핑 하다'는 주로 go shopping이나 do some shopping이라고 합니다. 함께 쇼핑을 가고 싶은 사람이 있다면 이렇게 말해보세요.

Would you like to go shopping?

Shall we go shopping?

Are you free for some shopping?

쇼핑하러 갈래요?

Let's go shopping.

Let's do some shopping.

Shall we go shopping at Dongdaemun Design Plaza?

우리 동대문 디자인 플라자에 쇼핑하러 갈래?

Are you free for some shopping?

시간 있으면 쇼핑하러 갈래요?

Are you free for some shopping this Saturday?

이번 주 토요일에 쇼핑 갈 시간 있어요?

Let's do some shopping at ABC market.

ABC마켓에 쇼핑하러 가자.

Would you like to go shopping at ABC department store?

ABC백화점에 쇼핑하러 갈래요?

Let's go shopping this weekend!

이번 주에 쇼핑하자.

전화 통화
TELEPHONE CONVERSATIONS

97 …좀 바꿔주세요

MP3 15-97

전화상에서 누군가를 찾을 때는 아래 문장처럼 말하면 됩니다. 예의를 지켜야 하니 문장 맨 뒤에 please를 붙이는 것을 절대로 잊지 말아요.

I'd like to speak to + 찾고 있는 사람, please.
…좀 바꿔(찾아)주세요. 고맙습니다.

May I speak to + 찾고 있는 사람, please?
…와 통화할 수 있을까요?

Could I speak to + 찾고 있는 사람, please?
…와 통화 좀 할 수 있을까요?

I'd like to speak to Paula, please.
Paula 좀 바꿔 주세요.

May I speak to Sam, please?
Sam과 통화할 수 있을까요?

Could I speak to Tony, please?
Tony와 통화할 수 있을까요?

I'd like to speak to Billy, please.
Billy와 통화하고 싶어요.

May I speak to June, please?
June과 통화할 수 있나요?

Could I speak to Ken, please?
Ken하고 통화 좀 할 수 있을까요?

98 말씀하세요

MP3 15-98

찾던 사람이 전화를 받은 거라면 아마 이렇게 말할 거예요.

I'd like to speak to Paula, please.
Paula랑 통화하고 싶어요.

Speaking.
저예요. 말씀하세요.

May I speak to Sam, please?

Sam과 통화할 수 있을까요?

I'm speaking.

나예요. 말씀하세요.

상대방이 자신의 이름을 말하는 경우도 있어요. 예를 들어볼게요.

It's me, + 이름

나야 …

This is + 이름 + speaking.

…예요. 말씀하세요.

I'm + 이름 + speaking.

…예요. 말씀하세요.

It's me, Sam.
나야. Sam.
It's me, Ken.
나 Ken이야.
This is Tony speaking.
Tony입니다. 말씀하세요.
This is Ann speaking.
Ann이야. 말해.
I'm Billy speaking.
저 Billy입니다. 말씀하세요.
I'm Kate speaking.
나야 Kate. 말해.

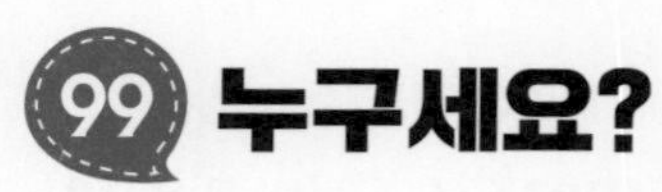

누구세요?

MP3 15-99

전화를 받는 사람은 상대방이 누구인지 물어보는 경우가 많아요. 영어로는 이렇게 말해요.

더 예의 있게 말하는 방법도 있어요.

I'd like to speak to Kate, please.
Kate 좀 바꿔주세요.

Speaking. Who's calling please?
말씀하세요. 누구십니까?

May I speak to Tony, please?
Tony와 통화할 수 있을까요?

This is Tony speaking.
제가 Tony예요. 말씀하세요.

May I know who's on the line?
실례지만 누구십니까?

Could I speak to Ken, please?
Ken과 통화 좀 할 수 있을까요?

I'm Ken speaking.
제가 Ken이에요. 말씀하세요.

Who's calling, please?
누구신가요?

MP3 15-100

다른 사람을 찾는 전화를 받았을 때 자주 쓰는 '잠시만요'를 영어로 표현하면 wait나 hold on 혹은 hang on이라고 할 거예요. 이 세 단어 모두 '잠시만요'의 뜻을 가지고 있습니다.

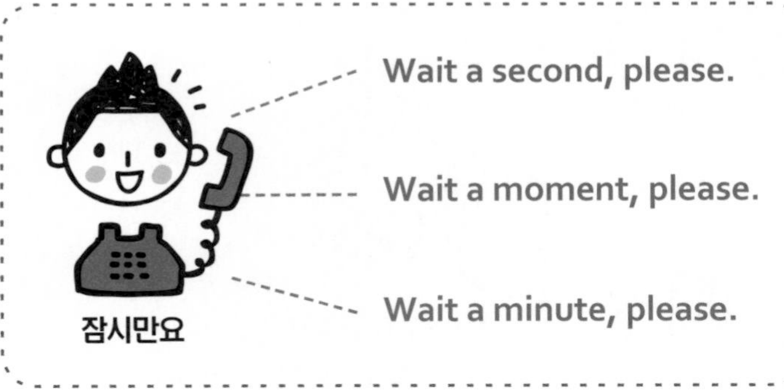

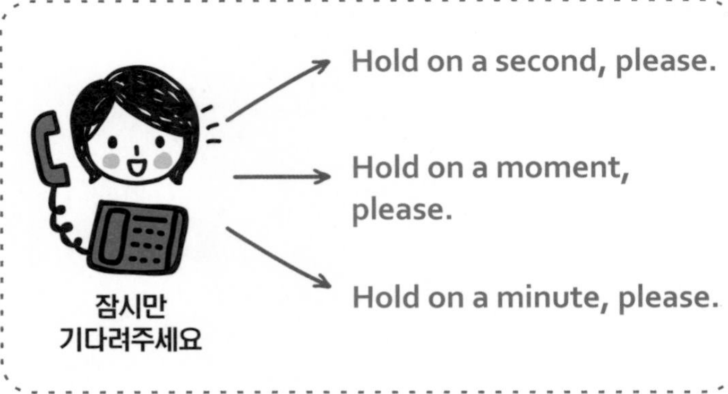

Hang on a second, please.
Hang on a moment, please.
잠시만 기다려주세요
Hang on a minute, please.

MP3 15-101

101 지금 없어요

상대방이 찾는 사람이 없는 경우에는 일반적으로 is not in으로 지금 없다는 뜻을 전합니다. 이 문장이 at the moment나 right now와 함께 쓰이면 '지금 없어요'의 뜻이 돼요.

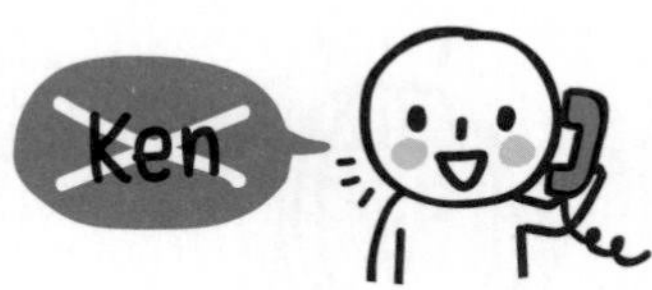

이름 + is not in + at the moment/right now.

…(사람)는 지금 없어요.

Ken is not in at the moment.

Ken은 지금 없어요.

He's not in at the moment.

그는 지금 없어요.

Paula is not in right now.
Paula는 지금 여기에 없어요.

She is not in right now.
그녀는 지금 여기에 없어요.

Mary is not in.
Mary는 지금 여기에 없어요.

She's not in.
그녀는 지금 없어요.

102 전화를 받을 수 없어요

MP3 15-102

자리에는 있으나 전화를 받을 수 없는 상황이라면 앞에서 배운 '지금 없어요'와 비슷한 말을 하면 됩니다. 단어를 not available로 바꿔만 주면 '전화를 받을 수 없어요'라는 의미를 표현할 수 있어요.

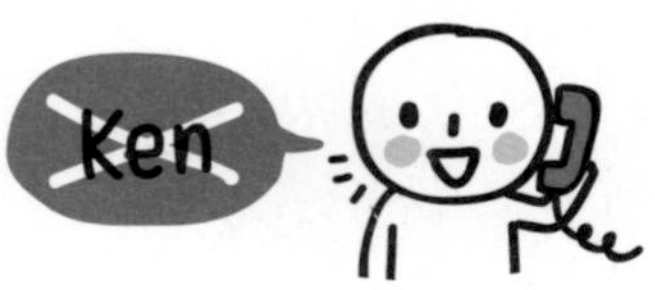

이름 + is not available + at the moment/right now.

…는 지금 전화를 받을 수 없어요.

Tony is not available right now.

Tony는 지금 전화를 받을 수 없어요.

He is not available right now.

그는 지금 전화를 받을 수 없어요.

June is not available at the moment.
June은 지금 전화를 받을 수 없어요.

She's not available at the moment.
그녀는 지금 전화를 받을 수 없어요.

Billy is not available.
Billy는 통화가 어려워요.

He's not available.
그는 전화를 할 수 없어요.

103 회의 중이에요

MP3 15-103

상대방이 찾는 사람이 회의 중이라 전화를 받을 수 없는 상황이라면 in a meeting 표현을 써서 현재 회의 중임을 알려주세요.

이름 + is in a meeting + at the moment/right now.

…는 현재 회의 중입니다.
(그래서 전화를 받을 수 없는 상황)

Frank is in a meeting right now.

Frank는 현재 회의 중입니다.

He is in a meeting right now.

그는 지금 회의 중입니다.

Paula is in a meeting at the moment.
Paula는 현재 회의 중입니다.

She's in a meeting at the moment.
그녀는 현재 회의 중입니다.

Billy is in a meeting.
Billy는 현재 회의 중입니다.

He is in a meeting.
그는 지금 회의 중이에요.

104 그는 통화 중이에요

다른 전화를 받고 있는 중이라 전화를 받을 수 없는 경우에는 on another call 이나 on another line이라고 말해요.

이름 + is on another call + at the moment/right now.

이름 + is on another line + at the moment/right now.

…는 지금 통화 중입니다.

Tony is on another call at the moment.

Tony는 지금 통화 중입니다.

He is on another call at the moment.

그는 지금 통화 중입니다.

Billy is on another line right now.
Billy는 지금 통화 중이에요.

He is on another line right now.
그는 지금 통화 중이에요.

Kate is on another call.
Kate는 지금 통화 중이에요.

She's on another call.
그녀는 지금 통화 중이에요.

Ken is on another line.
Ken은 지금 통화 중이에요.

He's on another call.
그는 지금 통화 중이에요.

105 자리에 없어요

MP3 15-105

전화를 받을 수 없는 또 다른 상황은 어떤 게 있을까요? 바로 자리에 없을 때입니다. 이럴 때는 부재중이라는 뜻을 가진 표현인 away from her / his desk나 not at her / his desk라는 표현을 사용하면 됩니다.

이름 + is away from his/her desk + at the moment/right now.
…는 지금 부재중입니다.

이름 + is not at his/her desk + at the moment/right now.
…는 지금 자리에 없습니다.

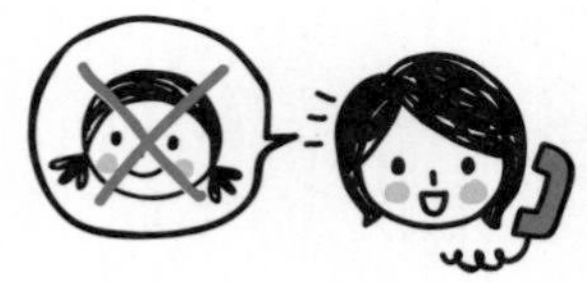

Kate is away from her desk.
Kate는 지금 자리에 없습니다.

Tony is away from his desk right now.

Tony는 지금 자리에 없습니다.

Mary is away from her desk at the moment.

Mary는 지금 부재중입니다.

Ken is away from his desk right now.

Ken은 지금 자리에 없습니다.

MP3 15-106

상대방이 전화를 받을 수 없는 상황이라면 그에게 메시지를 남겨 하고 싶은 말을 전달해보세요.

메시지를 남길 수 있을까요?

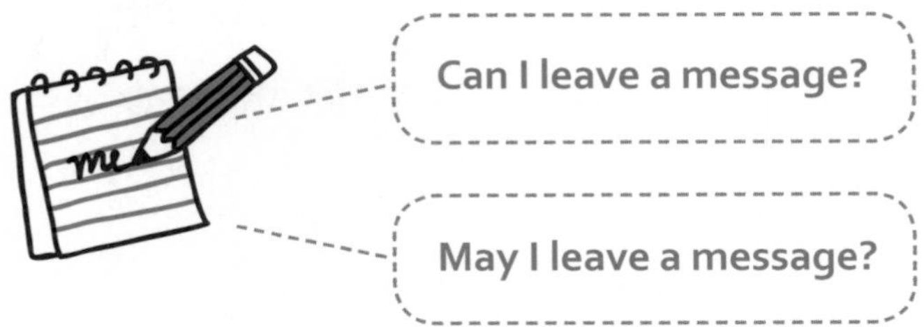

물론이죠

전화를 받은 사람은 아마 이렇게 말할 거예요.

I'd like to speak to Ken, please.

Ken과 통화 좀 하고 싶은데요.

He's away from his desk.

그는 지금 자리에 없습니다.

Can I leave a message?

메시지를 남길 수 있을까요?

Yes, go ahead.

물론이죠. 말씀하세요.

메시지를 남기시겠어요?

반대로 전화를 받는 사람의 입장이라면 상대방에게 먼저 메시지를 남길 것이냐고 물어볼 수도 있어요. 그럴 때는 이렇게 말해요.

Would you like to leave a message?
메시지를 남기시겠어요?

Can I take your message?
메시지를 남겨 드릴까요?

May I speak to Tony, please?
Tony와 통화할 수 있을까요?

He's in the meeting at the moment.
그는 지금 미팅 중이에요.

Would you like to leave a message?
메시지를 남겨 드릴까요?

다시 전화해주세요

MP3 15-107

상대방이 시간이 있을 때 다시 전화해달라는 말을 하고 싶다면 call me back 표현을 더해주세요. 다시 전화해달라는 뜻이에요.

Please tell + her/him + to call me back.

그 / 그녀에게 다시 전화해달라고 전해주세요.

Would you + her/him + to call me back?

실례지만 그 / 그녀에게 다시 전화 좀 해달라고 전해주실 수 있나요?

Please tell him to call me back.
그에게 다시 전화해달라고 전해주세요.

Would you please tell her to call me back?
그녀에게 다시 전화 좀 해달라고 전해주실 수 있나요?

Please tell Billy to call me back.
Billy에게 다시 전화해달라고 전해주세요.

Would you please tell Paula to call me back?
Paula에게 다시 전화 좀 해달라고 전해주실 수 있나요?

상대방이 남자일 경우 him을, 여자일 경우에는 her를 사용합니다. 상대방의 호칭을 불러서 다시 전화해달라고 말하는 것도 좋아요.

상대방에게 가능하면 빨리 다시 전화를 해달라고 하고 싶으면 문장 맨 뒤에 '최대한 빨리'의 뜻을 지닌 as soon as possible을 사용합니다. 혹은 즉시, 바로의 뜻을 가진 immediately를 사용하는 방법도 있어요. 예를 들어볼게요.

Please tell him to call me back as soon as possible.

그에게 최대한 빨리 전화해달라고 전해주세요.

Would you please tell her to call me back immediately?

그녀에게 최대한 빨리 전화해달라고 전해주시겠어요?

MP3 15-108

108 전화했었다고 전해주세요

앞의 내용과 같습니다. 상대방에게 내가 전화했음을 알리고 싶다면 부탁하는 문장 형태에 I've called(I have called)를 넣어주면 돼요. 예를 들어볼게요.

Please tell + him/her + that I've called.

그 / 그녀에게 제가 전화했었다고 전해주세요.

Would you + him/her + that I've called?

그 / 그녀에게 제가 전화했다는 걸 전해주시겠어요?

Would you please tell him that I've called?
그에게 제가 전화했다는 걸 전해주실 수 있나요?

Please tell her that I've called.
그녀에게 제가 전화했었다고 전해주세요.

Please tell him that I've called.
그에게 제가 전화했다고 전해주세요.

Would you please tell her that I've called?
그녀에게 제가 전화했다는 걸 전해주실 수 있나요?

I(나) 대신에 바로 자신의 이름을 말해도 돼요. 하지만 이럴 경우 have called('ve called)를 has called('s called)로 바꿔줘야 한다는 걸 절대 잊으면 안 됩니다. 예를 들어볼게요.

Please tell her that Kate has called.
그녀에게 Kate가 전화했었다고 전해주세요.

Please tell Tony that Ken's called.
Tony에게 Ken이 전화했었다고 전해주세요.

Would you please tell her that Mary has called?
그녀에게 Mary가 전화했었다고 전해주시겠어요?

Would you please tell Billy that June's called?
Billy에게 June이 전화했었다고 전해주시겠어요?

109 이름 묻기 / 전화번호 묻기

전화를 받은 사람이 이름과 전화번호를 물어볼 수도 있어요. 그럴 때는 이렇게 하면 됩니다.

MP3 15-109

Can I have your name, please?
실례지만 성함을 알 수 있을까요?

May I have your name, please?
성함을 알 수 있을까요?

May I ask who's calling, please?
전화주신 분이 누구신지 알 수 있을까요?

Who's calling, please?
실례지만 누구이신가요?

May I have your telephone number, please?
전화번호를 알 수 있을까요?

Please let me know your telephone number.
전화번호 알려주세요.

축하, 덕담, 위로, 격려

CONGRATULATIONS, WISHES, SYMPATHY, REGRET

110 축하해요

MP3 16-110

상대방을 축하할 만한 일이 생겼을 때 영어로 어떻게 말해야 할까요? 이럴 때는 일반적으로 congratulations를 사용하고 뒤에 on을 붙여서 축하 인사를 말합니다. 예를 들어볼게요.

Congratulations on + 축하하고 싶은 일!

…을 축하해!

Congratulations on your graduation.

졸업을 축하해요.

Congratulations on your promotion.

승진을 축하해요.

Congratulations on your first child.

Congratulations on the birth of your first child.

첫 아이가
태어난 걸 축하해요

Memo

다른 사람에게 Congratulations라고 말할 때 뒤에 반드시 s를 붙여야 해요. 이건 영어의 문법 규정이기 때문이에요! 절대로 잊지 말아요!

Happy + 날짜
··· 축하해.

Happy Birthday.
생일 축하해

Happy Holidays.
휴가 잘 보내.

Happy Working Day.
근무 잘 해.

Happy First Day of Work.
첫 근무 축하해.
(일 시작을 잘 하길)

Happy First Day of School.
첫 등교 축하해.

Happy Opening Day.
첫 오픈 축하해.

…주년 기념일 축하

'몇 주년을 기념하다'의 의미를 가진 영어 단어는 Anniversary입니다. '…주년 기념일을 축하해'라고 말하는 법은 굉장히 쉬워요. Happy(축하) + Anniversary(…주년)만 같이 써주면 되기 때문이죠.

기념하고 싶은 일과 같이 말하고 싶다면 문장 안에 단어를 추가해주기만 하면 돼요.

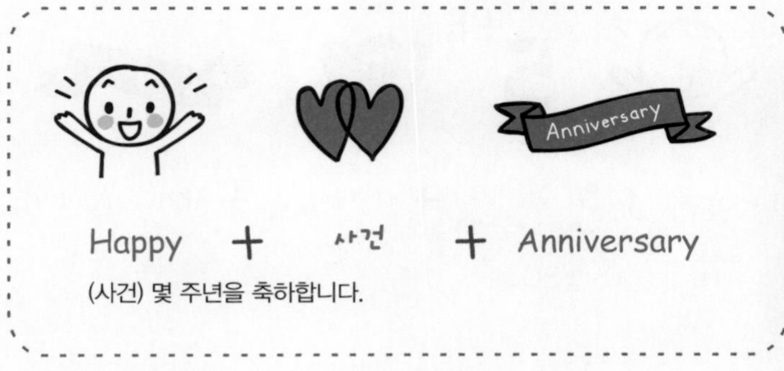

PART 16 축하, 덕담, 위로, 격려

Happy Wedding Anniversary.
결혼기념일을 축하합니다.

Happy Foundation Anniversary.
창립기념일을 축하합니다.

각종 행사를 기념할 때 간단하게 'Happy Anniversary'라고만 말해도 알아듣는 데 문제 되지 않습니다. 정확하게 몇 주년인지 표현하고 싶다면 문장에 서수로 된 숫자를 넣어주면 됩니다.

Happy + 몇 주년인지 나타내는 서수 + 기념하는 일 + Anniversary.

…의 몇 주년을 기념합니다.

Happy 1st Wedding Anniversary.

결혼 1주년을 축하합니다.

Happy 3rd Foundation Anniversary.

창립 3주년을 축하합니다.

Happy 5th Anniversary.

5주년을 축하합니다.

문장들을 보면서 느낀 점이 없나요? 아마도 문장에 해를 나타내는 year가 없는 걸 발견할 수 있었을 거예요. Aniversary라는 단어는 그 자체에 몇 주년을 기념한다는 뜻이 포함되어 있기 때문에 추가로 year를 쓸 필요가 없어요.

주의할 점이 하나 더 있어요! 연수는 기수가 아닌 서수로 센다는 것입니다.

1주년

1 Anniversary 가 아니라 **1st Anniversary**

2주년

2 Anniversary 가 아니라 **2nd Anniversary**

3주년

3 Anniversary 가 아니라 **3rd Anniversary**

Memo

1~31까지 서수 작성법은 Part 8 날짜와 시간에서 배웠어요(p.130). 다같이 복습해 보는 건 어떨까요?

112 축복하기

MP3 16-112

우리말에서 종종 상대방을 축복할 때 '…를 바라'나 '…를 기원할게' 뒤에 상대방을 축복하는 내용을 말합니다. 영어에도 이런 표현이 있어요. 어디 한번 알아볼까요?

have

일반적으로 누군가를 축복할 때 have를 사용합니다. 문장에서 보통 I hope로 시작하고 축복의 말을 넣어주면 돼요.

I hope you have a good trip.

순조로운 여행길이 되길 바라요.

I hope you have a nice dinner.

훌륭한 저녁 식사가 되길 바라요.

I hope you have lots of fun.

재미있게 놀길 바라요.

I hope you have a great time.

좋은 시간을 보내길 바라요.
(원래의 뜻은 좋은 하루 보내길 바라요.)

I hope를 쓰지 않고 바로 have만 사용해서 더 간단하게 말하는 경우도 있어요.

…되길 바라.

Have a good trip.
순조로운 여행이 되길.

Have lots of fun.
재미있게 놀길.

Have a nice dinner.
훌륭한 저녁 식사가 되길.

Have a great time.
즐거운 시간 보내길.

wish

wish는 '희망하다'라는 뜻을 가진 단어예요. wish와 wishing은 형태가 다르지만 모두 쓸 수 있어요. 예를 들어볼게요.

I wish you + 축복의 말
…되길 바랄게.

Wish you + 축복의 말
…되길.

Wishing you + 축복의 말
…되길 바라요.

I wish you a happy marriage.
행복한 결혼이 되길 바랄게요.

I wish you a great holiday.
신나는 휴가를 보내길 바랄게요.

I wish you the best of luck.
행운을 빌게요.

Wish you all the best.
모든 일이 다 잘 되길 바랄게요.

Wishing you a safe journey.
안전한 여행이 되길 바랄게요.

Wishing you happiness.
행복하길 바라요.

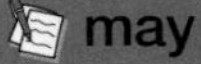

may

may를 사용해서 상대방을 축복해줄 수 있어요.

May success be with you.
성공이 함께하길.

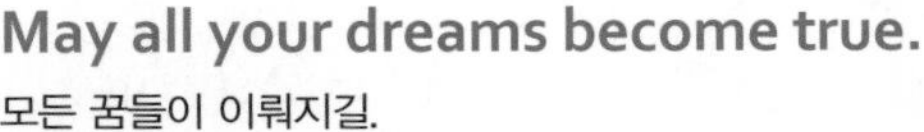

May all your dreams become true.
모든 꿈들이 이뤄지길.

May all love surround you.
주위에 사랑이 가득하길.

May God bless you.
신의 가호가 있길.

May the strength be with you.
더욱 더 강해지길.

MP3 16-113

113 ··· 되길 바라요

건강하게 지내길 바라요

부자 되길 바라요

성공하길 바라요

114 뒤늦은 축하

MP3 16-114

잊어버렸거나 소식을 듣지 못해서 뒤늦게나마 축하 메시지를 보내는 방법은 무엇일까요? 일반적인 축하의 말과 다르지 않아요. happy 뒤에 belated만 더해 주면 됩니다.

Belated congratulations.
뒤늦은 축하 메시지를 보낼게.

Happy belated birthday.
늦었지만 생일 축하해.

Happy belated valentine's day.
늦었지만 밸런타인데이 축하해.

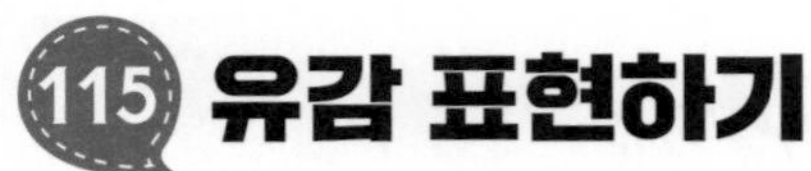

115 유감 표현하기

MP3 16-115

다음은 애도와 유감을 표현하는 법에 대해 알아봅시다. 일반적으로 sorry라는 표현을 사용합니다. 유감을 나타내는 표현에는 어떤 것들이 있는지 알아볼게요.

I'm sorry to hear that + 말

…에 대해서 듣게 돼서 유감이에요.

I'm sorry to hear about + 말

…소식을 들은 것에 대해 유감이에요.

I'm sorry to hear that your grandmother is sick.

할머니가 편찮으시다는 소식을 들어서 유감이에요.

I'm sorry to hear that you broke up with him.
그 사람이랑 헤어졌다는 얘기를 들어서 유감이에요.

I'm sorry to hear about your grandmother's sickness.
할머니가 편찮으시다는 소식을 들어서 유감이에요.

I'm sorry to hear about the accident.
사고 소식을 들어서 매우 유감이에요.

여기서 쓰이는 to hear는 '듣다'의 의미 이외에 '듣게 되다' 혹은 '알게 되다'의 의미가 포함되어 있어요. to hear는 문장을 좀 더 간략하게 하기 위해 생략할 수 있답니다.

I'm sorry that you had an accident.
사고를 당했다는 소식을 들어서 매우 유감이에요.

I'm sorry about the accident.
사고에 대해 매우 유감이에요.

I'm sorry for the accident.
사고에 대해서 유감이야.

만약 유감인 사건이 말하지 않아도 모두가 아는 사실이라면 굳이 얘기할 필요가 없어요.

만약 유감인 감정을 강조하고 싶다면 아래의 어휘들을 추가해주면 돼요.

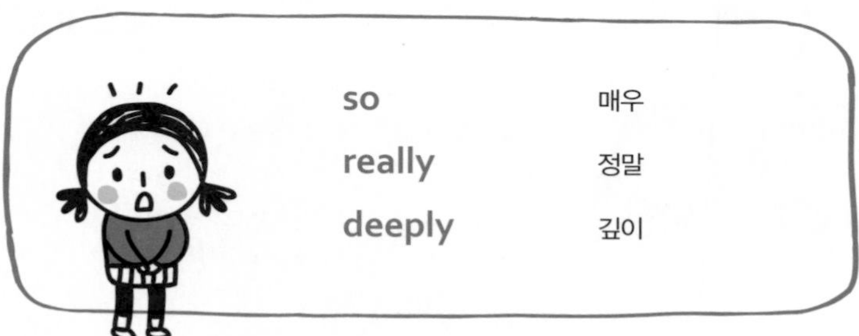

so	매우
really	정말
deeply	깊이

I'm so sorry about the bad news.
그 나쁜 소식에 대해서 매우 유감이에요.

I'm really sorry to hear that he is gone.
그가 떠났다는 소식을 들어서 정말 유감이에요.

I'm deeply sorry for his death.
그의 죽음에 대해 깊은 유감이에요.

작별에 대한 애도 표현하기

지인을 떠나보낸 사람에게 애도의 표현을 할 때는 보통 I'm sorry 이외에 아래 표현들을 사용해서 문장을 꾸며줍니다.

MP3 16-116

death
사망, 영원한 이별

passed away
돌아가시다

세상을 떠나다

loss
죽음

애도와 유감을 말하는 표현 중 가장 자주 쓰이는 표현들입니다.

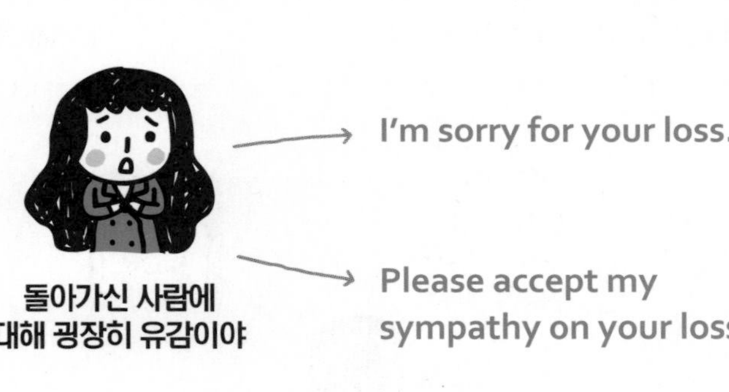

I'm sorry for your loss.

Please accept my sympathy on your loss.

I'm sorry that your grandmother has passed away.

할머니가 돌아가셨다니 정말 유감이야.

MP3 16-117

117 진심으로 동정하기

sympathy는 비교적 예의 있고 점잖은 표현으로 '동정하다'의 의미를 가지고 있어요.

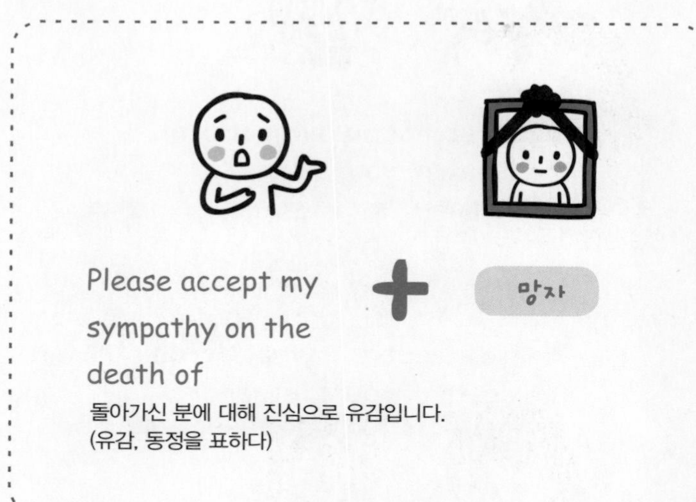

Please accept my sympathy on the death of your uncle.
네 삼촌이 돌아가신 것에 대해 진심으로 가슴이 아픕니다.

Please accept my sympathy on the death of your brother.
당신 형제의 죽음에 대해 진심으로 가슴이 아픕니다.

Please accept my sympathy on  망자 's death.

…의 죽음에 대해 진심으로 유감을 표하는 바입니다.

Please accept my sympathy on your teacher's death.

선생님의 죽음에 진심으로 유감을 표하는 바입니다.

Please accept my sympathy on your cousin's death.

네 사촌의 죽음에 진심으로 유감을 표하는 바야.

sympathy 이외에도 condolences라는 대체 단어가 있습니다. 의미가 같기 때문이죠.

Please accept my condolences on your teacher's death.
선생님의 죽음에 진심으로 유감을 표하는 바입니다.

Memo

sympathy, condolences가 accept와 함께 쓰일 때 직역해서 '나의 동정을 받아줘'로 해석해서는 안 됩니다. 이 표현은 우리말의 '… 유감을 표하는 바입니다'와 같은 매우 예의 있는 표현이에요.

MP3 16-118

우리말에서 상대방을 위로하는 말들은 다음과 같습니다.

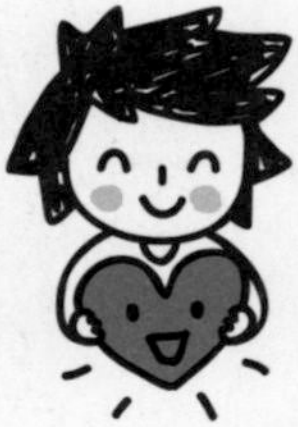

진정해요

Calm down.

Cool down.

괜찮아요

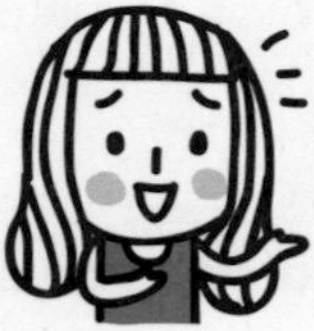

It's okay.

It's all right.

It's going to be
better.
모두 괜찮아질 거예요

It's going to be okay.
It's going to be all
right.
별일 없을 거예요

Don't worry about it.
Don't worry.
걱정하지 마요
Keep going!
Keep fighting!
파이팅!

You can do it!
너는 할 수 있어요!

This too, shall pass.
이 또한 지나갈 거예요

Let it be.
순리에 맡기자

연애
RELATIONSHIPS

119 좋아지다

MP3 17-119

이런 감정은 사랑이라는 감정의 시작이지만 사랑과는 조금 달라요. 사랑만큼 깊고 확실하지 않기 때문이에요. 누군가가 좋아졌을 때 love라고 하지는 않아요. 그렇다면 어떻게 표현하는지 알아볼까요?

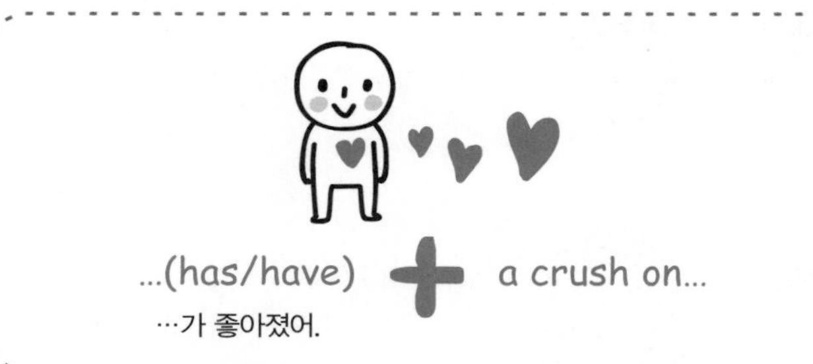

...(has/have) + a crush on...

…가 좋아졌어.

I have a crush on Paula.

나는 Paula를 좋아하게 됐어.

Tony has a crush on Kate.

Tony는 Kate에게 빠졌어.

Kate has a crush on Tony.

Kate는 Tony를 좋아하게 됐어요.

They have a crush on June.

그들은 June에게 빠져 버렸어요.

상대에게 강렬한 사랑을 느낄 정도로 아주 푹 빠져 버렸다면 crush 앞에 big을 넣어주세요.

I have a big crush on him.
나는 그에게 푹 빠져 버렸어.

He has a big crush on me.
그가 날 푹 빠지게 만들었어.

Kate has a big crush on Ken.
Kate는 Ken에게 푹 빠져 버렸어요.

Billy has a big crush on Paula.
Billy는 Paula에게 푹 빠져 버렸어요.

'사랑에 빠지다' 혹은 '푹 빠지다'와 같은 표현도 자주 사용하는 표현입니다.

... is
... am
... are

\+ falling in love with...

…에게 푹 빠졌어요.

I'm falling in love with Mary.

나는 Mary에게 푹 빠졌어요.

Mary is falling in love with Ken.

Mary는 Ken에게 푹 빠졌어요.

Frank is falling in love with Ann.

Frank는 Ann에게 푹 빠져 버렸어요.

I'm falling in love with him.

나는 그에게 푹 빠져 버렸어.

더욱 더 간단하게 in love with를 사용해서 사랑에 빠졌다는 표현을 할 수도 있어요 .

... is
... am + in love with...
... are

…에게 사랑에 빠져 버렸어요.

I am in love with Ken.
나는 Ken을 사랑하게 됐어.

Frank is in love with Mary.
Frank는 Mary를 사랑하게 됐어요.

He is in love with her.
그는 그녀를 사랑하게 됐어요.

She is in love with Sam.
그녀는 Sam을 사랑하게 됐어요.

두 사람이 상대방을 서로 좋아하거나 사랑에 빠졌다는 표현을 할 때는 each other를 사용합니다. 이 단어는 서로, 양쪽이라는 뜻을 가지고 있습니다.

... have a crush on each other.
…는 서로 좋아하게 됐어요.

... are falling in love with each other.
…는 서로 사랑에 빠졌어요.

... are in love with each other.
…는 서로 사랑하고 있어요.

Tony and Kate have a crush on each other.

Tony와 Kate는 서로 좋아하게 되었어요.

Mary and Ken are falling in love with each other.

Mary와 Ken은 서로 사랑에 빠졌어요.

Sam and June are in love with each other.

Sam과 June은 서로 사랑하고 있어요.

They are in love with each other.

그들은 서로를 사랑하고 있어요.

MP3 17-120

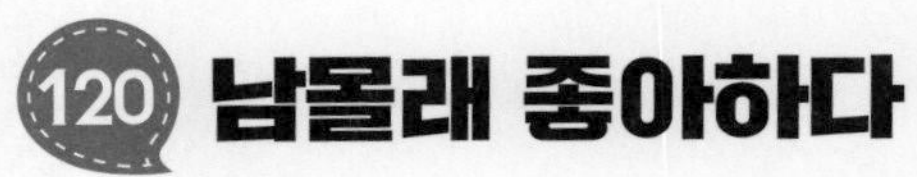

120 남몰래 좋아하다

상대방에 대한 감정이 확실하지 않거나 마음속으로만 생각하고 그저 멀리서만 바라보는 사랑을 해본 적이 있나요? 이런 경우에는 앞에서 배운 문장에 secret이나 secretly를 더해주세요. 그러면 남몰래 하는 짝사랑이 된답니다.

... (has/have) a secret crush on...
…를 남몰래 좋아하다.

... (is/am/are) secretly falling in love with...
…를 아무도 모르게 짝사랑하다.

... (is/am/are) secretly in love with...
…를 남몰래 사랑하고 있다.

I have a secret crush on my teacher.
나는 선생님을 몰래 좋아하고 있어.

He has a secret crush on Mary.
그는 Mary를 남몰래 좋아하고 있어요.

Mary is secretly falling in love with Sam.
Mary는 아무도 모르게 Sam을 사랑하고 있어요.

She is secretly in love with him.
그녀는 남몰래 그를 사랑하고 있어요.

MP3 17-121

121 데이트하기

누군가를 좋아하게 되면 그 사람과 함께 있고 싶고 서로에 대해 알아가며 더욱 더 가까운 사이가 되고 싶을 거예요. 영어에서는 이런 단계를 **date**라고 해요. 함께 데이트하고 싶은 상대가 있다면 이렇게 말해보세요.

... (has/have) a date with...
…와 데이트를 하다

... get a date with...
…와 데이트를 하다

... go on a date with...
…와 데이트를 하다

I have a date with Frank.
나는 Frank와 데이트를 하고 있어.

Kate has a date with Tony.
Kate는 Tony와 데이트했어요.

She gets a date with him.
그녀는 지금 그와 데이트를 하고 있어요.

Tony goes on a date with her.
Tony는 그녀와 데이트를 하고 있어요.

I have a date. You won't believe with who!
너는 내가 누구랑 데이트를 했는지 믿지 못할걸!

Who with?
누군데?

The hottest guy from the second year.
2학년에서 제일 멋진 아이.

Tony? Are you kidding me?
Tony? 지금 농담하는 거 아니지?

What a lucky girl you are!
넌 정말 행운아야!

122 데이트하러 가기

MP3 17-122

누군가와 어디든 가서 데이트를 하자고 말할 때는 보통 asked... out이라 한 후 이어서 on a date라고 말해요.

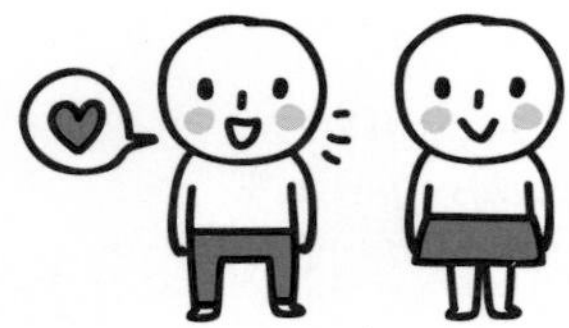

... ask... out on a date.

…와 …를 가서 데이트하자고 하다.

I asked Frank out on a date.

내가 Frank에게 데이트하자고 했어.

Billy asked Paula out on a date.

Billy가 Paula에게 데이트를 하자고 했어요.

He asked her out on a date.

그가 그녀에게 데이트를 하자고 했어요.

뭔가 특이한 점을 찾았나요? asked는 반드시 과거형으로 씁니다. 그 이유는 이미 상대방과 데이트하자고 이야기를 해놓은 상태이기 때문이에요.

I think Tony has a crush on Paula.
Tony가 Paula를 좋아하는 것 같아.

Why?
왜?

He asked her out on a date!
그가 그녀한테 데이트를 하자고 했어!

Oh my god!
맙소사!

123 연애하다

MP3 17-123

전 세계 모든 사람이 사랑이라는 말을 영어로 love라고 하는 걸 알고 있을 거예요. 누군가를 사랑하고 있다면 이렇게 말해보세요!

I love you.
사랑해.

I do love you.
정말 너를 사랑할게.

I love you so much.
널 너무 사랑해.

I really love you.
너를 정말로 사랑해.

love라는 단어를 쓰지 않고 상대방을 향한 뜨거운 마음을 표현할 수 있어요. 예를 들어볼까요?

You are my home.
너는 나의 집이야.

I can't live without you.
나는 너 없이는 살 수가 없어.

I wish you were here by my side forever.
네가 내 곁에 평생 있어주면 좋겠어.

All I want is you.
내가 원하는 건 너뿐이야.

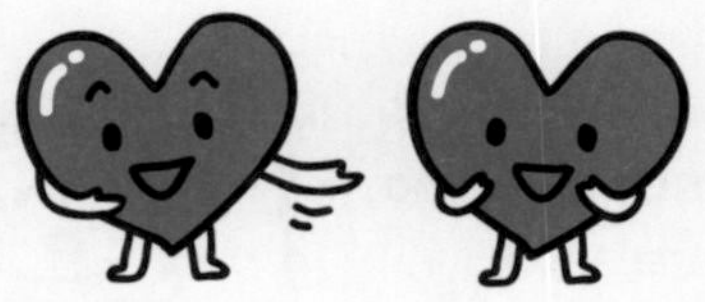

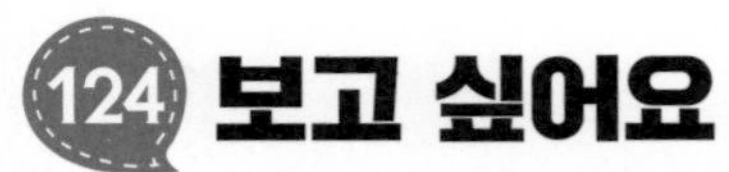

124 보고 싶어요

MP3 17-124

사랑이라는 감정에는 항상 보고 싶어 하는 마음이 있어요. 상대방에게 보고 싶다는 말을 하고 싶을 때는 어떻게 해야 하는지 알아볼게요.

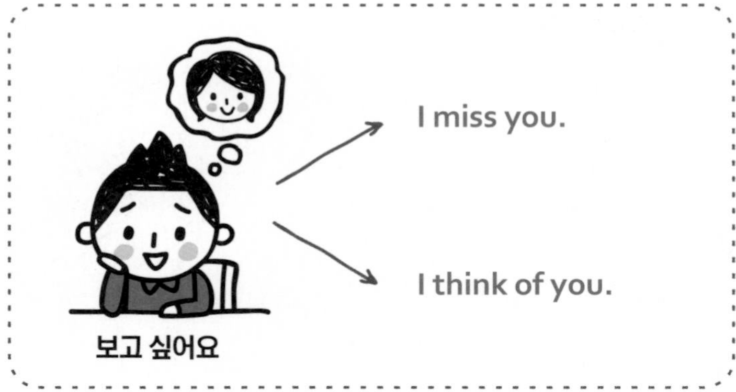

상대방에게 '나도 보고 싶어'라고 답하고 싶다면 상대방과 같은 말을 한 후 뒤에 too를 더해주면 돼요. 예를 들어볼까요?

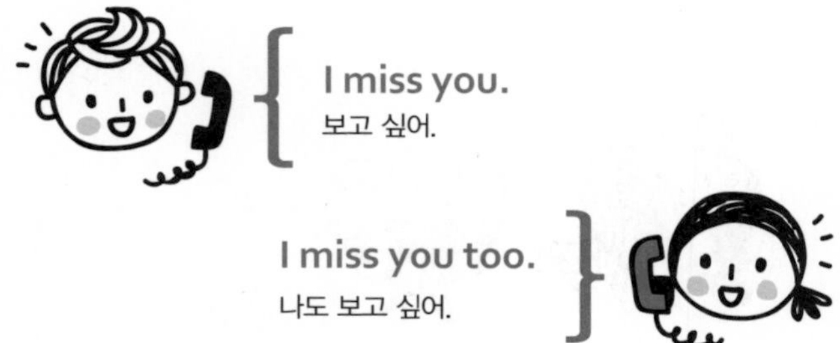

I think of you.
보고 싶어요.

I think of you too.
나도 보고 싶어요.

▶ MP3 17-125

125 곧 결혼해요

사랑이 결실을 맺었다는 건 두 사람이 결혼한다는 걸 의미하는 거예요. 영어에서는 marry의 현재진행형인 marrying을 사용해서 그 사람과 곧 결혼한다는 의미를 표현할 수 있어요.

... is
... am
... are

marrying...

…와 곧 결혼하다.

I am marrying Kate.
나는 Kate와 곧 결혼해.

Billy is marrying Paula.
Billy는 Paula와 곧 결혼해요.

Paula is marrying Billy.
Paula는 곧 Billay와 결혼해요.

getting married to라고 해도 됩니다.

... is

... am

... are

getting married to...

…와 곧 결혼해요.

I am getting married to Tony.

나는 Tony와 곧 결혼해.

Sam is getting married to June.

Sam은 June과 곧 결혼해요.

June is getting married to Sam.

June은 Sam과 곧 결혼해요.

getting married를 사용할 때 반드시 결혼할 상대 앞에 to를 써야 합니다.

marrying을 쓸 경우에는 to가 필요 없어요.

126 결혼

MP3 17-126

우리가 흔히 말하는 결혼이라는 단어는 결혼과 관련된 여러 가지 활동들을 모두 포함하는 단어입니다. 만약 결혼식이나 결혼 파티라는 말을 하고 싶다면 이렇게 해보세요.

결혼식

wedding ceremony

결혼 파티

wedding party
결혼 파티

wedding dinner
결혼 축하 파티(저녁 식사와 함께)

wedding reception
결혼 피로연(비교적 정식으로 하는)

MP3 17-127

127 실연

사랑은 현실이에요. 당신이 어떤 사람이든 전 세계를 막론하고 사랑과 실연의 상황은 모두 비슷해요. 영어에서는 실연의 순간을 어떻게 표현하는지 알아보도록 할게요.

그는 나를 …처럼 사랑(생각)했을 뿐이야

사랑은 예고 없이 찾아오지만 그 결말이 항상 기대했던 것처럼 되지는 않아요. 그를 연인으로서 사랑하고 싶었지만 그는 당신을 친구 이상으로 생각한 적이 없었다면 마음이 많이 아플 것 같아요.

... love(s)... as a...

…처럼 사랑(생각)했을 뿐이에요.
(…로서 생각했을 뿐이야)

I love him as a brother.
나는 그를 단지 오빠로서
사랑할 뿐이야.

He loves me as a sister.
그는 나를 그저 (여)동생으로서
사랑할 뿐이야.

She loves me as a brother.
그녀는 나를 단지 오빠로서
사랑할 뿐이야.

June loves Sam as a friend.
June은 Sam을 그저 친구로서
사랑할 뿐이에요.

Memo

위 예문에서 주의해야 할 부분이 있어요. love를 쓸 때 s를 넣을 때도 있고 넣지 않을 때도 있습니다. 주어가 He, She, 사람의 이름처럼 단수일 경우에는 loves를 써야 해요.

그는 나를 그저 …로만 생각했을 뿐이야

더 가슴 아픈 것은 상대방이 자신에게 사랑의 감정을 전혀 느끼지 않고 그저 그런 사람으로만 생각할 때에요.

… think (s) of… as just…

그저 …로만 생각하고 있어요.

I think of Paula as just a sister.

나는 Paula를 그저 여동생으로만 생각해요.

Frank thinks of me as just a friend.

Frank는 나를 그저 친구로만 생각하고 있어요.

She thinks of me as just a coworker.
그녀는 나를 그저 동료로만 생각할 뿐이에요.

I think of him as just a brother.
나는 그를 그저 동생으로만 생각할 뿐이에요.

Memo

위 예문처럼 think를 쓸 때 s를 붙여야 하는 규칙은 앞에서 배운 love와 같아요. 주어가 어떤 것이 오냐에 따라 표기가 달라집니다. 주어가 He, She, 사람의 이름처럼 단수일 경우에는 thinks를 써야 합니다.

128 맞지 않아요

MP3 17-128

이 말은 주로 헤어질 때 하는 말이에요. 이 말을 듣는 사람은 상처받을 거예요. 그리고 아마 고민을 하며 '어디가 안 맞아요?'라고 물어볼 거예요. get along with부터 시작할게요. 이 말은 어떤 사람과 화목하게 지내다의 뜻을 가지고 있어요. 이 말의 부정형은 can't get along with로 어떤 사람과 안 맞다의 뜻을 가지고 있어요.

... can't get along with...
…와 안 맞아요.

... can't get along with each other.
…(한 사람 이상의 주어)와 서로 맞지 않아요.

... can't get along well.
…(한 사람 이상의 주어)와 서로 너무 안 맞아요.

I can't get along with you.

나는 너와 너무 안 맞아.

Tony can't get along with Ann.

Tony와 Ann은 안 맞아요.

Ann and Tony can't get along with each other.

Ann과 Tony는 서로 맞지 않아요.

We can't get along with each other.

우리는 서로 안 맞아.

Sam and June can't get along well.

Sam과 June은 잘 맞지 않아요.

We can't get along well.

우리는 잘 안 맞아.

They can't get along well.

그들은 잘 안 맞아요.

변했어요

MP3 17-129

헤어짐의 또 다른 이유는 그가 변하거나 예전 같지 않기 때문이에요.

... has/have changed.

…가 변했어.

I have changed.

나는 변했어.

He has changed.

그가 변했어요.

She has changed.

그녀는 변했어.

Tony has changed.

Tony가 변했어요.

How are you and Paula?
Paula와는 어때요?

Not very well.
별로에요.

Why?
왜요?

I think Paula has changed.
Paula가 변한 것 같아요.

MP3 17-130

130 바람피우다

사랑하지 않게 됐다는 건 굉장히 슬픈 일이에요. 그런데 만약 상대방이 바람을 피우는 걸 봤다면 말로 표현할 수 없는 고통을 받을 거예요. 이런 상황을 영어로는 이렇게 말해요.

... cheated on...
…를 두고 바람을 피우다

June cheated on Sam.
June이 Sam을 두고 바람을 피웠어요.

I cheated on Ken.
내가 Ken을 두고 바람을 피웠어.

Paula cheated on Billy.
Paula가 Billy를 두고 바람을 피웠어요.

Tony cheated on Mary.
Tony가 Mary를 두고 바람을 피웠어요.

Tony. You cheated on me.
Tony. 너는 날 두고 바람을 피웠어.

No, I didn't do that.
아니야. 그렇지 않았어.

131 시간 좀 가져요

MP3 17-131

때로는 서로 잠시 시간을 갖기도 해요. 서로 식은 마음을 다시 생각해볼 시간을 말이에요. 시간이 지나면 둘의 관계가 다시 좋아질지도 몰라요. 영어로는 take a break라고 합니다.

Let's take a break.
우리 시간을 좀 갖자.

We should take a break.
우리 시간을 좀 가져야 할 것 같아요.

June and Ken should take a break.
June과 Ken은 시간을 좀 가져야 할 것 같아요.

They took a break.
그들은 잠시 시간을 가졌어요.

만약 이미 시간을 가지고 있는 중이라면 take a break를 대신해 과거형인 took a break를 사용하면 됩니다.

I think we should take a break, June.

June, 내 생각에 우린 시간을 좀 가져야 할 것 같아.

No, Billy. I love you.

아니야, Billy. 나는 너를 사랑해.

MP3 17-132

132 차이다

상대방을 차버릴 때는 이유가 무엇이든 이 간단한 한마디면 충분합니다.

... dumped...

…를 차다

I dumped Tony.

내가 Tony를 차버렸어.

Frank dumped Mary.

Frank가 Mary를 차버렸어.

He dumped her.

그가 그녀를 차버렸어요.

Kate dumped Sam.

Kate가 Sam을 차버렸어요.

I miss Kate.
Kate가 너무 보고 싶어.

I want to call her but I can't.
그녀에게 전화하고 싶은데 그럴 수가 없어.

Why?
왜?

She dumped me.
그녀가 날 차버렸어.

MP3 17-133

133 헤어지다

결국 두 사람 관계가 끝에 왔어요. 이유가 무엇이든 계속해서 서로 사랑할 수 없다면 서로의 길을 가는 게 맞아요. 영어에서도 누구와 헤어짐을 말하는 표현이 여러 가지가 있어요. broke up with를 예로 들어볼게요.

... broke up with...

…와 헤어졌어

... broke up.

… (한 사람 이상의 주어) 헤어졌어

Ken broke up with Mary.

Ken은 Mary와 헤어졌어요.

Ken and Mary broke up.

Ken과 Mary는 헤어졌어요.

They broke up.

그들은 헤어졌어요.

관계의 끝을 나타내는 finished라는 단어도 있습니다.

... were finished.

…(한 사람 이상의 주어)는 이미 끝났어요

Mary and I were finished.

Mary와 나는 끝났어요.

We were finished.

우리는 끝났어요.

Tony and Kate were finished.

Tony와 Kate는 끝났어요.

over를 사용해서 이미 끝이 났음을 말할 수도 있습니다. 예를 들어볼게요.

It's over.
이미 끝났어요.

It's over between...
…(한 사람 이상의 주어) 사이의 일은 이미 끝이 났어요.

It's over.
(우리의 사랑)이 끝이 났어요.

It's over between you and me.
너와 나의 사이는 이미 끝이 났어.

It's over between us.
우린 이미 끝이 났어요.

134 이혼

MP3 17-134

정식으로 결혼한 부부가 되었더라도 헤어짐의 단계에 도달할 수 있어요. 영어에서는 divorce라는 단어로 표현해요.

곧 이혼해요

아직 이혼하지는 않았지만 곧 이혼할 거라면 getting divorce를 사용합니다.

Frank is getting a divorce.
Frank는 곧 이혼해요.

Mary is getting a divorce.
Mary는 곧 이혼해요.

They are getting a divorce.
그들은 곧 이혼해요.

…와 곧 이혼해요

누구와 이혼할 생각인지 말하고 싶다면 getting divorce from을 사용합니다.

... is
... am
... are

getting divorced from...

…와 곧 이혼해요.

I am getting divorced from my husband.
나는 내 남편과 곧 이혼할 거예요.

Tony is getting divorced from Kate.
Tony는 Kate와 곧 이혼할 거예요.

She is getting divorced from him.
그녀는 그와 곧 이혼할 거예요.

이혼했어요

이미 이혼한 상태라면 got divorced나 got divorced from을 사용합니다.

I got divorced.
나는 이혼했어요.

They got divorced.
그들은 이혼했어요.

Sam got divorced from June.
Sam은 June과 이혼했어요.

의견과 느낌
IDEAS, COMMENTS, CHITCHATTING

135 너의 생각은 어때?

다른 사람과 대화를 할 때, 상대방의 생각을 물어보는 경우가 생길 거예요. What이나 How로 문장을 시작하고 think of나 think about으로 조합해서 질문하면 됩니다.

What do you think of...?

…에 대해서 너의 생각은 어때요?

How do you think of...?

…에 대해서 어떻게 생각해요?

What do you think about...?

…에 대해서 너의 생각은 어때요?

How do you think about...?

…에 대해서 어떻게 생각해요?

What do you think of him?

그를 어떻게 생각해?

How do you think of that young lady?

저 젊은 여자에 대해서 어떻게 생각해요?

What do you think about our trip plan?

우리 여행 계획에 대해 어떻게 생각해요?

How do you think about Korea politics?

한국의 정치에 대해서 어떻게 생각해요?

좋아해 / 안 좋아해

MP3 18-136

좋아하는지 아닌지, 흥미가 있는지 없는지 등 이때는 서로의 스타일이나 취향에 대해 얘기하는 경우도 많아요. 일반적으로 like를 사용해서 물어봅니다.

Do you like to + 행동

… (행동)하는 걸 좋아해요?

Do you like + 사람 / 사건 / 사물

… (사람, 사건, 사물)을 좋아해요?

Do you like to sing?
노래 부르는 거 좋아해요?

Do you like to swim?
수영하는 거 좋아해요?

Do you like him?
그를 좋아해요?

Do you like hamburgers?
햄버거 좋아해요?

좋다면 이렇게 대답해요.

Yes, I do.

좋지 않다면 이렇게 대답해요.

No, I don't.

나는 …을 좋아해

누군가를 좋아하는지 물어본 게 아니라 내가 좋아하는 것을 이야기할 때는 I like를 사용해요. 예를 들어볼게요.

I like to + 행동

나는 …(행동)하는 걸 좋아해요

I like + 사람 / 사건 / 사물

나는 …(사람 / 사건 / 사물)을 좋아해요

I like to swim.
나는 수영하는 걸 좋아해.

I like to read.
나는 책 읽는 걸 좋아해.

I like him.
나는 그를 좋아해요.

I like dogs.
나는 개를 좋아해요.

나는 …을 좋아하지 않아

앞에서 배운 것처럼 누가 물어보지는 않았지만 좋아하지 않는 것이 있다면 이렇게 말해요.

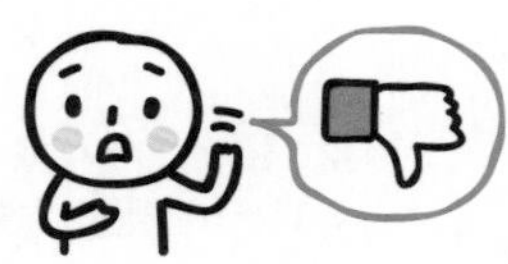

I don't like to + 행동

나는 … (행동)하는 걸 좋아하지 않아요

I don't like + 사람 / 사건 / 사물

나는 … (사람 / 사건 / 사물)을 좋아하지 않아요

I don't like to sleep alone.

나는 혼자 자는 것을 좋아하지 않아.

I don't like to work out.

나는 운동하는 걸 좋아하지 않아.

I don't like cats.

나는 고양이를 좋아하지 않아.

I don't like her.

나는 그녀를 좋아하지 않아.

137 관심 있어 / 관심 없어

MP3 18-137

좋아하는 것과 관심 있는 것은 조금 달라요. 관심은 비교적 특정한 때에 좋아진 행동을 말하기 때문이에요. 예를 들어볼게요. '나는 A를 좋아해. 근데 요즘 B에 대해 관심이 생겼어.' 차이를 알아볼 수 있나요? 이번에는 대화할 때 상대방이 최근에 어떤 것에 관심이 있는지 알아보는 방법을 배워볼게요!

Are you interested in + 관심 있는 일 (명사) ?

당신 …에 관심 있어요?

Are you interested in + 관심 있는 일 (동명사) ?

당신 …에 관심 있어요?

Are you interested in Spanish?
스페인어에 관심 있어요?

Are you interested in him?
그에게 관심 있어요?

Are you interested in being a tutor?
너 선생님이 되는 것에 관심 있어?

Are you interested in studying abroad?
유학 가는 것에 관심 있어요?

관심이 있다면
이렇게 대답해요.

Yes, I am.

관심이 없다면
이렇게 대답해요.

No, I'm not.

Are you interested in the Olympic Games?
올림픽에 관심 있어?

No, I'm not.
아니. 관심 없어.

Yes, I am.
응. 관심 있어.

상대방이 어떤 것에 관심 있는지 바로 물어보는 경우도 있어요. 이렇게 말이죠.

What are you interested in?
어떤 것에 관심 있어요?

Memo

대답할 때 시작하는 말을 이렇게 합니다.

"I'm interested in..."

아니면 관심 있는 것을 바로 말하면 됩니다. 중요한 건 interested는 반드시 in과 함께 써줘야 한다는 거예요. 절대로 잊지 말아요!

MP3 18-138

138 답답해 / 재미없어

부정적인 느낌을 주는 단어는 종류가 많아요. '답답해'나 '재미없어'같은 단어들 말이에요. 영어에서도 이런 마음을 나타내는 단어들이 많아요. 예를 들어볼게요.

I'm sick of +
재미없는 사람/사건 /사물.
…에 싫증났어요

I'm tired of +
재미없는 사람/사건/사물.
…에 질렸어요

I'm bored with +
재미없는 사람/사건/사물.
…가 재미없어요

I'm fed up with +
재미없는 사람/사건/사물.
…가 지긋지긋해요

I'm sick of junk food.
나는 정크 푸드에 싫증났어(먹을 만큼 먹었어).

I'm so tired of my boyfriend.
나는 내 남자친구에 질렸어.

I'm so bored with politics.
정치는 재미없어요.

I'm fed up with traffic jams.
교통 체증이 지긋지긋해요.

139 고민하다 / 걱정하다

MP3 18-139

고민이나 걱정하고 있는 일이 있다면 이렇게 말해보세요.

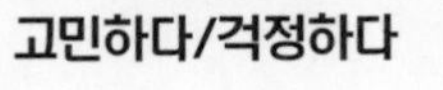

고민하다/걱정하다

I'm stressed out with +
고민하고 있는 일

I'm concerned about +
걱정하고 있는 일

I'm worried about +
걱정하고 있는 일

I'm stressed out with the kids.
애들 때문에 지쳐.

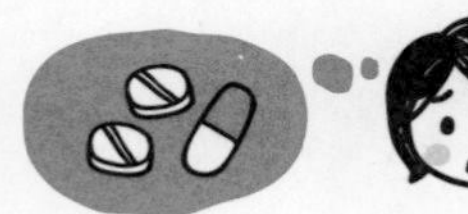

I'm concerned about my health.
건강 때문에 걱정돼요.

I'm worried about his grade.
그의 성적이 걱정돼요.

140 풀이 죽다

MP3 18-140

기죽거나 실망스러운 일이 생기면 풀이 죽게 되겠죠.

I'm discouraged from + 기죽은 일 (명사 / 동명사).

나는 …에 풀이 죽었어요

I'm hopeless at + 실망한 일 (명사).

나는 …에게 실망했어요

I'm too hopeless to + 실망하게 한 행동 (동사).

나는 …하면서 무척 실망했어요

I'm discouraged from finding a job.

나는 취업하는 것에 자신감을 잃었어요.

I'm discouraged from this selfish husband.

나는 이기적인 남편 때문에 낙심했어요.

I'm hopeless at biology.

생물 과목에는 희망이 없어요.

I'm too hopeless to get the operation.

나는 수술을 받아도 아무런 희망이 없어요.

141 무서워요 / 두려워요

▶ MP3 18-141

영어에서 무서움과 두려움을 나타내는 단어는 굉장히 많아요. 그중에서도 가장 많이 쓰이는 afraid와 scared를 가지고 어떻게 표현하는지 알아볼게요.

I'M AFRAID...

I'm afraid of + 두려운 행동 (동명사)
나는 …하는 게 두려워요

I'm afraid of + 무서워하는 것 (명사)
나는 …가 두려워요

I'm afraid to + 두려워서 도무지 하러 갈 용기가 안 나는 행동 (동사)
나는 …하는 게 두려워요

I'm afraid of being alone.
나는 혼자인 게 두려워요.

I'm afraid of the dark.
나는 어두운 게 무서워요.

I'm afraid of snakes.
나는 뱀이 두려워 / 무서워요.

I'm afraid to die.
나는 죽는 게 두려워요.

I'm scared of +
무서운 행동 (동명사)
나는 …하는 게 무서워

I'm scared of driving.
나는 차를 운전하는 게 무서워요.

I'm scared by falling in love again.
나는 다시 사랑에 빠질까 봐 두려워요.

I'm scared of +
무서워하는 것 (명사)
나는 …가 무서워요

I'm scared by +
무서워하는 것 (명사)
나는 …가 무서워요

I'm scared of ghosts.
나는 유령이 무서워요.

I'm scared by silence.
나는 고요함이 무서워 / 두려워요.

I'm scared to + 두려워서 도무지 하러 갈 용기가 안 나는 행동 (동사)

나는 …하는 게 무서워

MP3 18-142

142 안타까워요

영어로 동정의 마음을 나타내고 싶다면 feel bad나 feel sorry를 이용해 말합니다.

I feel sorry for + 동정하는 대상
나는 …가 불쌍한 것 같아(안타까워)

I feel bad for + 동정하는 대상
나는 …가 불쌍한 것 같아(안타까워)

I feel sorry for Frank.
나는 Frank가 불쌍한 것 같아.

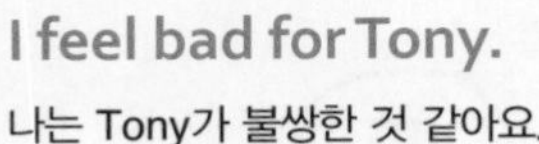

I feel bad for Tony.
나는 Tony가 불쌍한 것 같아요.

She feels sorry for me.
그녀는 내가 안타깝대요.

He feels bad for you.
그는 네가 안타깝대.

무슨 일 때문에 안타깝다고 생각하는지 아래 문장처럼 표현할 수 있어요.

because

I feel sorry for + 동정하는 대상 + because + 동정하는 이유 (절 형태)

나는 …가 … 때문에 안타까워요

I feel sorry for Kate because she failed the test.

나는 Kate가 시험에 통과하지 못해서 안타까워요.

because

I feel bad for + 동정하는 대상 + because + 동정하는 이유 (절 형태)

나는 …가 … 때문에 안타까워요

I feel bad for Paula because she cried a lot.

나는 Paula가 너무 많이 울어서 안타까워요.

I feel sorry for + 동정하는 대상 + as + 동정하는 이유 (절 형태)

나는 …가 … 때문에 안타까워요

I feel sorry for Paula as her husband cheated on her.
나는 Paula의 남편이 바람을 피워서 안타까워요.

I feel bad for + 동정하는 대상 + as + 동정하는 이유 (절 형태)

나는 …가 … 때문에 안타까워요

I feel bad for Ann as she lost her bag.

나는 Ann이 가방을 잃어버려서 안타까워요.

since

I feel sorry for + 동정하는 대상 + since + 동정하는 이유 (절 형태)

나는 …가 … 때문에 안타까워

since

I feel bad for + 동정하는 대상 + since + 동정하는 이유 (절 형태)

나는 …가 … 때문에 안타까워

I feel bad for my cat since she was hit.

나는 우리 고양이가 맞아서 안타까워요.

MP3 18-143

143 … 당해도 싸! / …하는 게 당연해요

serve나 deserve은 서로 사용하는 방법이 조금은 다르지만 뜻은 같아요. 우선 serve를 이용해서 어떻게 표현하는지 알아볼게요.

It serves + 사람 + right.

…당해도 싸!

It serves you right.

너는 그래도 싸!

It serves + 사람 + right if + 일어난 일 (절 형태)

너는 …(일)을 당해도 싸!

It serves + 사람 + right to + 상대방에게 벌어진 일(동사)

너는 …일이 있어도 싸!

... deserve it.

…하는 건 당연한 거예요

... deserve + 상대방에게 벌어진 일 (명사)

…하는 건 당연한 거예요

... deserve to + 상대방에게 벌어진 일 (동사)

…는 당연한 거예요

Billy deserves to get good grades.

Billy는 좋은 성적을 받을 만해요.

듣기로는(누가 그러길 / 내가 듣기론 / …에 대해 들었어?)

MP3 18-144

'듣기로는', '누가 그러길'은 누군가를 통해 알게 된 것을 표현하는 말입니다. 영어에서도 이처럼 누가 말했는지는 모르지만 알게 된 것을 표현하는 말이 있어요.

누군가 말하길

누군가 말하길…

They say…

누군가 말하길…

They say love is blind.
누군가 말하길 사랑은 눈이 먼 것이래.

They say Ken doesn't like girls.
누군가 말하길 Ken은 여자를 안 좋아한대요.

They say good girls fall for bad boys.
누군가 말하길 좋은 여자들은 나쁜 남자들을 좋아한대요.

내가 듣기로

서로 정보를 교환하거나 가십거리를 이야기할 때 주로 '내가 듣기로' 하고 말을 시작해요. 영어에도 이런 표현이 있어요.

I've heard that + 들은 이야기
내가 듣기로…

I've heard of + 들은 이야기
내가 듣기에…

I've heard that Sam is cheating on June.
내가 들었는데 Sam이 June을 두고 바람을 피웠대.

I've heard of Sam's bad behavior.
내가 듣기로 Sam이 나쁜 짓을 했대요.

에 대해 들었어?

'내가 듣기론' 이외에도 사용할 수 있는 표현이 있어요. '…에 대해 알고 있어?'처럼 상대방에게 질문을 하면서 말을 시작하는 거예요.

Did you hear that + 들은 이야기(절 형태)

너 …에 대해서 들었어?

Did you hear that Mary got married?

Mary가 결혼했다는 소식 들었어요?

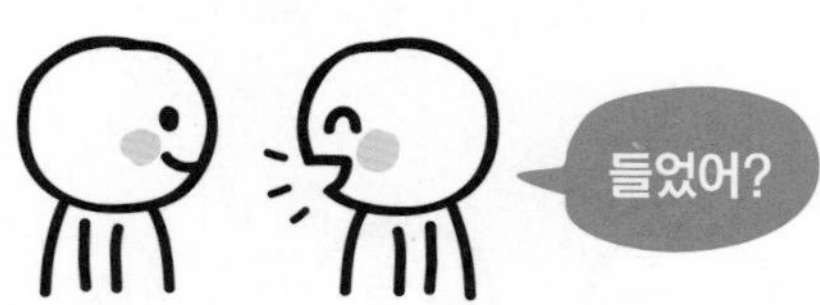

Did you hear of + 들은 이야기(절 형태)?

…에 대해 대해 들었어?

질병과 치료
GETTING SICK

145 어디 아파요?

MP3 19-145

주변 사람이 평소와는 달리 힘없어 보이거나 아플 때 이 문장으로 물어봅시다.

'어딘가 아파 보여요, 괜찮아요?'라고 물어보는 경우도 있어요.

'왜 그래요?'라고 물어보는 경우도 있어요.

왜 그래요?

What is the matter?
왜 그래요?

What happened?
무슨 일 있어요?

MP3 19-146

146 약 먹었어요? / 병원 갔다 왔어요?

상대방이 아프다는 걸 알게 됐다면 '약 먹었어요?'나 '병원 갔다 왔어요?' 같은 질문을 해보세요.

Have you taken any medicine yet?
아직 약 안 먹었어요?

Have you had any medicine yet?
약은 먹었어요?

Have you got any medicine?
약 먹었어요?

Did you go see the doctor yet?
아직 진찰 안 받았어요?

I think you should see the doctor.
진찰받는 게 좋을 것 같아.

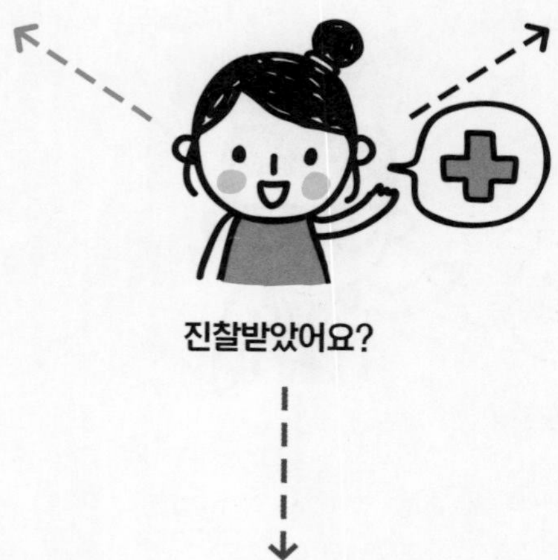

진찰받았어요?

Do you need to see the doctor?
의사에게 가야 할 것 같아요?

147 어디가 아파요?

MP3 19-147

의사 선생님을 만나면 보통 어디가 아픈지 이렇게 물어보실 거예요.

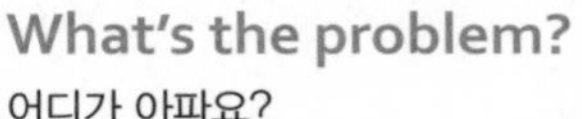

What's the problem?
어디가 아파요?

How can I help you?
무엇을 도와드릴까요?

What can I do for you?
어떻게 해 드릴까요?

···가 아파요 (ache)

MP3 19-148

영어에서 신체의 여러 기관을 뜻하는 단어에 ···ache를 붙이면 새로운 단어가 만들어지는데, 바로 그 부위가 아프다는 거예요. 예를 들면 headache의 뜻은 머리가 아프다는 의미의 두통이에요. 하지만 주의해야 할 게 있어요! 신체 부위와 ache 사이에 띄어쓰기를 하면 안 돼요! 완전한 문장으로 '···가 아파요'를 표현하고 싶으면 아래처럼 have a를 넣어주면 돼요.

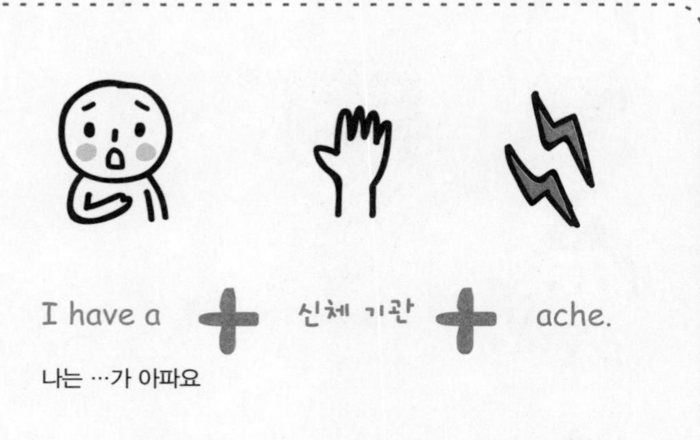

I have a headache.
나는 머리가 아파요.

I have a stomachache.
나는 배가 아파요.

I have a toothache.
나는 이가 아파요

I have a backache.
나는 등이 아파요.

이 밖에도 아픔을 나타내는 pain이라는 단어도 있어요. pain은 일반적인 고통보다 훨씬 더 심각한 아픔을 의미한다고 말하기도 해요. 하지만 우리가 일상생활에서 사용하는 pain은 어디가 아프든, 그 고통의 크기에 상관없이 모두 사용할 수 있는 단어예요.

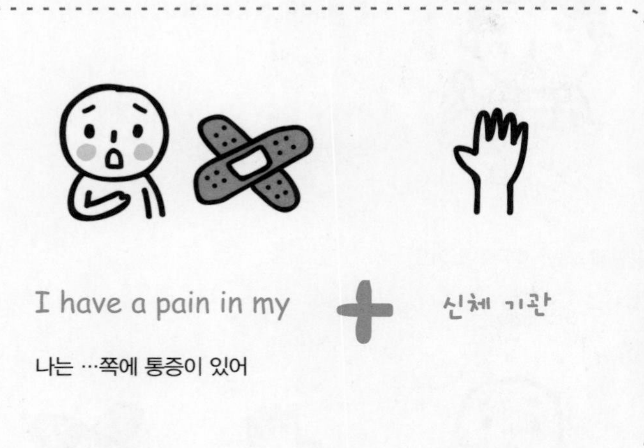

I have a pain in my head.
나는 머리 쪽에 통증이 있어.

I have a pain in my stomach.
나는 배 쪽에 통증이 있어요.

I have a pain in my wrist.
나는 손목 쪽에 통증이 있어요.

이렇게 쓰는 경우도 있어요.

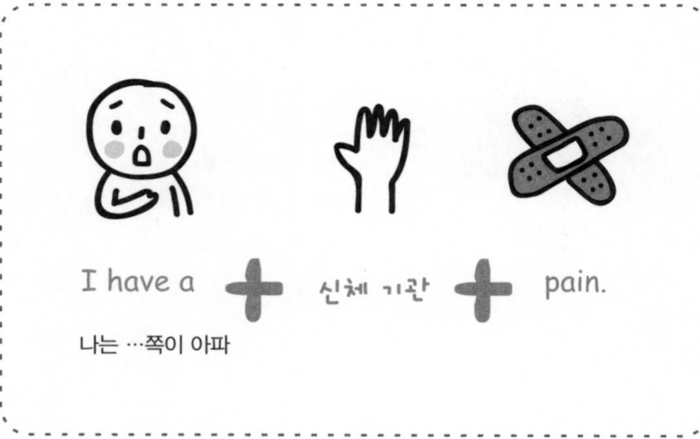

I have a neck pain.
나는 목 쪽에 통증이 있어.

I have a back pain.
나는 등 쪽에 통증이 있어요.

I have a buttock pain.
나는 엉덩이 쪽에 통증이 있어요.

149 …가 아파요(sore)

이번에는 sore를 사용한 아프다는 표현이에요. 예를 한번 들어볼게요.

I have a sore  신체 기관

나는 …가 아파요

I have a sore throat.
나는 목(구멍)이 아파요.

I have a sore tongue.
나는 혀가 아파요.

I have sore eyes.
나는 눈이 아파요.

위 예문을 보면 눈이 아프다는 말을 할 때 관사 a를 사용하지 않는다는 걸 알 수 있어요. 우리의 눈은 두 개라서 복수형태이기 때문이에요. 만약 I have a sore eye라고 쓴다면 한쪽 눈만 아프다는 뜻이 되는 거예요.

150 내 배가… / 나는 임신했어요

우리가 보통 자주 아픈 곳은 배예요. 배에 관련된 병들은 어떤 것들이 있는지 알아볼게요.

MP3 19-150

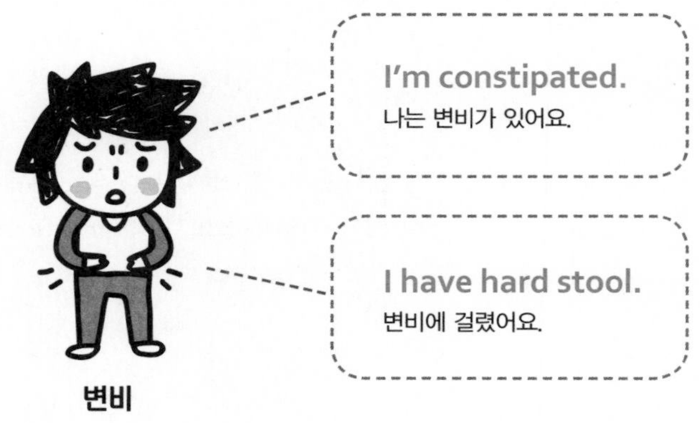

변비

I have painful periods.
나는 생리통이 있어요.

I have menstrual pain.
나는 생리통이 있어요.

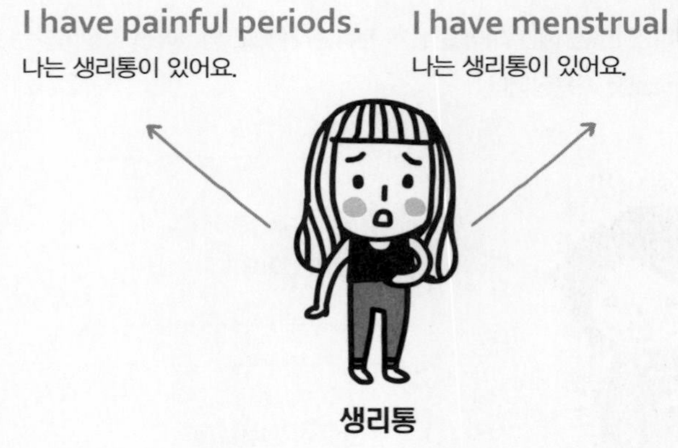

I have low abdominal pain.
나는 아랫배가 아파요.

I have labor pain.
나는 출산 전에 진통이 있어요.

임신했어요

임신을 했다는 건 곧 예쁜 아이를 낳게 된다는 거예요. 영어에선 임신이라는 뜻으로 pregnant를 사용합니다.

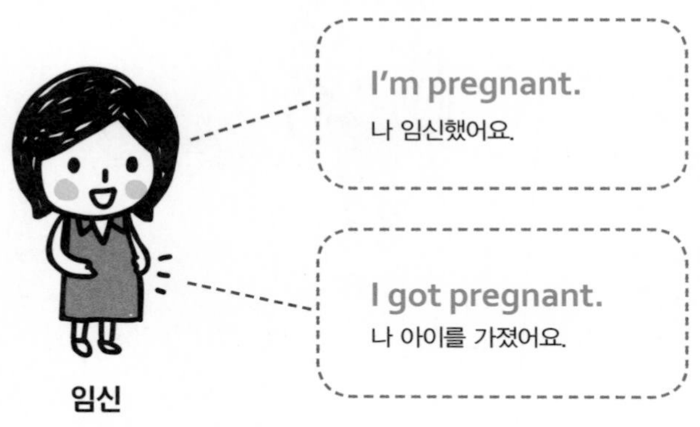

151 종기

종기가 자라서 아픈 경우는 abscess라고 하면 됩니다. 그리고 종기가 난 부위를 말하면 그 부분에 종기가 자랐다는 표현이 되는 거예요.

I have an abscess on my + 신체 기관.

나는 …에 종기가 났어

I have an abscess on my cheek.
내 볼에 종기가 났어요.

I have an abscess on my leg.
내 다리에 종기가 났어요.

I have an abscess on my armpit.
내 겨드랑이에 종기가 났어요.

I have an abscess on my neck.
내 목에 종기가 났어요.

MP3 19-152

152 쥐가 나다

우리를 정말 괴롭게 하는 한 가지가 또 있어요. 그건 바로 쥐가 났을 때에요. '쥐가 나다'는 보통 cramp라고 해요. 쥐, 경련을 뜻하는 단어입니다. 두 가지 문장으로 예를 들어볼게요.

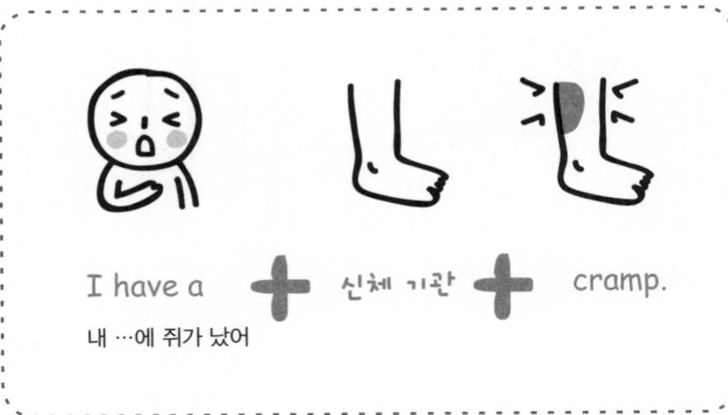

I have a stomach cramp.
위경련이 났어요.

I have a leg cramp.
다리에 쥐가 났어요.

I have a lower leg cramp.
종아리에 쥐가 났어요.

다른 한 가지는 이거예요.

I have a cramp in my

내 …에 쥐가 났어요

신체 기관

I have a cramp in my stomach.

위경련이 났어요.

I have a cramp in my leg.

다리에 쥐가 났어요.

I have a cramp in my lower leg.

종아리에 쥐가 났어요.

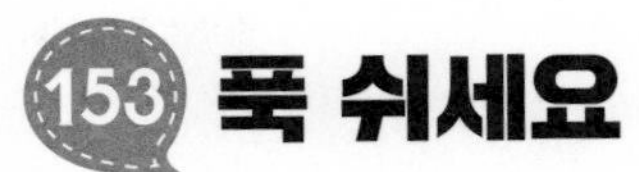

153 푹 쉬세요

MP3 19-153

영어에서 푹 쉬라는 말을 뜻하는 단어는 아래처럼 여러 가지가 있어요.

You need a rest.
당신은 휴식이 필요해요.

You need more rest.
당신은 조금 더 쉬어야 해요.

You need to take a rest.
당신은 쉬어야 해요.

You need to get some sleep.
당신은 잠을 좀 자야 해요.

You need at least 7 hours of sleep each day.
당신은 매일 적어도 7시간 이상의 수면이 필요해요.

154 운동하세요

MP3 19-154

영어로 운동은 exercise라고 해요. 이 단어는 do exercise라고 할 수도 있고 그냥 exercise라고 할 수도 있어요.

You need to exercise.
운동을 좀 하세요.

You need to do some light exercise.
가벼운 운동이 필요해요.

Do regular exercise everyday.
매일 규칙적으로 운동을 하세요.

Do at least 30 minutes of exercise a day.
하루에 최소 30분 이상 운동을 하세요.

…를 끊으세요 / …를 삼가세요

의사 선생님이 건강을 위해 무언가를 하지 말라고 할 때가 있을 거예요. 이럴 때 의사 선생님 말을 잘 들어야 해요.

MP3 19-155

…를 끊으세요

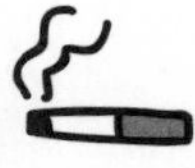
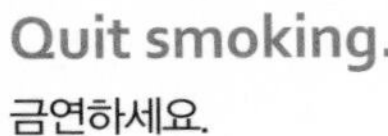

Quit smoking.
금연하세요.

Quit drinking alcohol.
금주하세요.

Quit eating junk food.
패스트푸드를 금하세요.

…를 삼가세요

삼가다와 금하다는 조금 달라요. 삼가다는 건강이 회복된 후에는 다시 계속해서 할 수 있는 걸 뜻해요. 상태가 좋아질 때까지만 참으라는 뜻이겠지요.

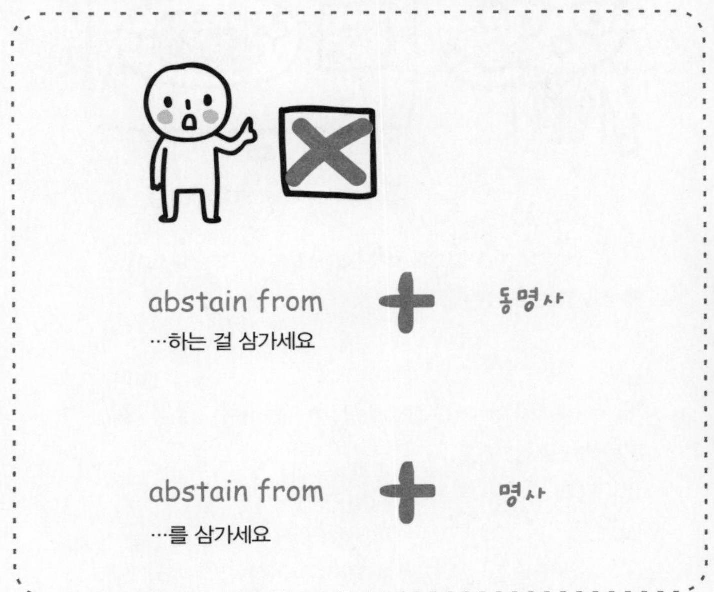

You need to abstain from eating meat.
육식을 먹는 걸 삼가세요.

You need to abstain from doing exercise.
운동하는 걸 삼가세요.

You need to abstain from all high-fat foods.
고지방 식품을 삼가세요.

MP3 19-156

156 약 복용법

알약

영어에는 알약을 뜻하는 여러 가지 단어가 있어요. 한번 알아볼게요.

pill (알약)

우리가 흔히 말하는 한 알 형태의 알약을 뜻해요. 특별히 지정된 형태는 없어요.

capsule (캡슐)

캡슐 형태의 약이에요.

tablet (알약)

캡슐을 제외한 한 알 형태의 모든 약이에요.

물약

흔히 liquid drug라고 해요. 보통 복용하는 단위가 정해져 있어요.

teaspoon 찻숟가락으로 한 스푼의 양

tablespoon 한 큰 술의 양

몇 알 / 몇 스푼

'약을 먹다'라는 말을 할 때 동사로 eat를 사용하지 않습니다. 올바른 표현은 take입니다. 꼭 기억하세요!

Take 2 tablets.

알약 두 알을 복용하세요.

Take 1 capsule.

캡슐 한 알을 복용하세요.

Take 1 teaspoon.

찻숟가락으로 한 스푼 복용하세요.

식전 / 식후에 복용

의사 선생님은 약을 얼마나 먹는지도 가르쳐주지만, 그 약을 밥 먹기 전에 먹는지 혹은 밥 먹은 후에 먹는지도 정해줘요. 영어로는 before meals와 after meals라고 표현합니다.

Take a capsule before meals.
식전에 캡슐 한 알을 복용하세요.

Take 2 tablets after meals.
식후에 알약 두 알을 복용하세요.

Take a teaspoon after meals.
식후에 찻숟가락으로 한 스푼 복용하세요.

바로라는 표현을 강조하기 위해서는 right을 사용해요.

하루에 몇 번

의사 선생님은 약을 하루에 몇 번 먹어야 하는지도 알려주실 거예요. 영어로는 ...time(s)라고 표현합니다. 그리고 뒤에 반드시 약을 먹어야 하는 시간을 알려주실 거예요. 무슨 말인지 이해가 잘 안 되나요? 함께 예문을 보도록 해요.

time (s) a day + 복용하는 시간

매일 …번 …(시간)

3 times a day after meals.

하루 세 번 식후에 복용하세요.

Once a day before lunch.

하루 한 번 점심식사 전에 복용하세요.

Twice a day in the morning and in the evening.

하루에 두 번, 아침과 저녁에 복용하세요.

Memo

한 번을 영어로 하면 once예요. 그런데 once는 one time이라고 할 수도 있어요. 두 번도 같아요. 보통 twice라고 하지만 two times라고 해도 돼요.

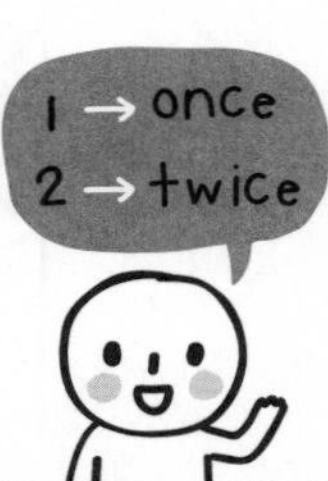

앞에서 배운 내용들을 종합해서 함께 써봅시다.

Take 2 tablets 3 times a day right after meals.

하루에 세 번 식후에 바로 알약 두 알을 복용하세요.

Take 1 tablespoon twice a day after meals.

하루에 두 번 식후에 찻숟가락으로 한 스푼씩 복용하세요.

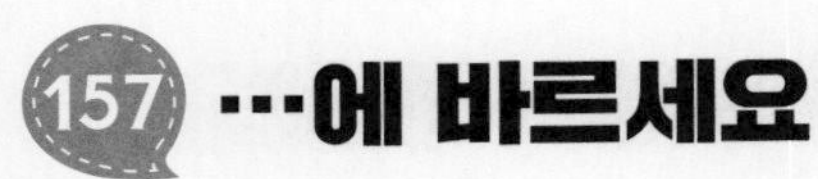

…에 바르세요

MP3 19-157

아플 때에 약을 먹기도 하지만 어떤 때는 바르는 약이 필요할 때도 있어요. 어떤 것들이 있는지 살펴볼게요.

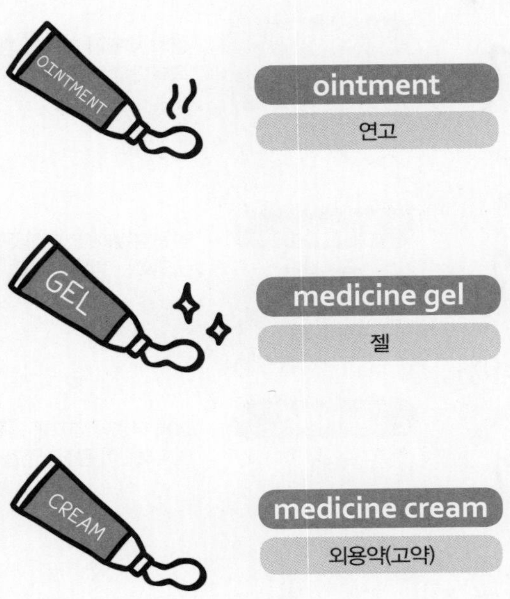

바르다 / 문지르다 / 풀어 주다

바르는 약의 효능은 모두 다 달라요. 그렇게 때문에 바르는 방법도 다를 수 있어요. 어떤 종류들이 있는지 알아볼게요.

…에 바르세요

처방해 준 약을 어느 부위에 바르는지 이야기하려면 onto나 into를 사용해요.

apply onto the treatment area.

치료 부위에 바르세요.

rub into the skin.

피부에 바르세요.

spread onto all areas of the hand.

손 전체에 바르세요.

MP3 19-158

158 입원해야 해요

의사 선생님이 상태가 심각하다고 생각하시면 반드시 입원을 해서 치료를 하자고 말씀하실 거예요. 영어로는 이렇게 표현합니다.

You have to be admitted.
입원해야 해요.

You have to be hospitalized.
입원해야 해요!

입원해야 해요!

Memo

여기에서 admit는 '입원'의 뜻으로 쓰입니다. 이를 제외하고 일반적인 상황에서는 대학에 입학하거나 회사에 채용됐을 때 사용하는 말이에요!

자주 쓰는 문장과 표현

NECESSARY QUESTIONS

뭐해요?

MP3 20-159

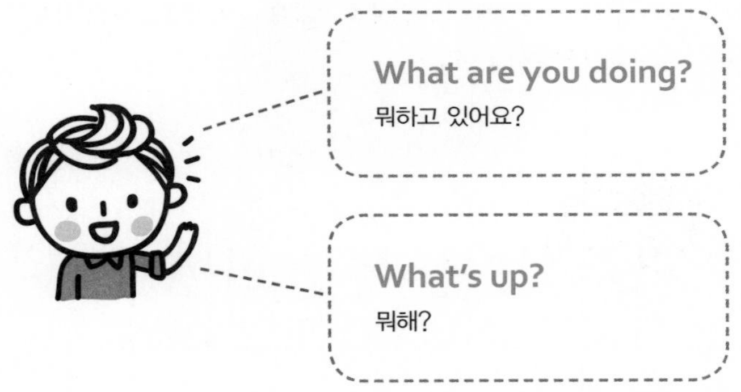

What are you doing?은 상대방이 뭘 하고 있는지 물어볼 수 있는 가장 간단하고 일반적인 표현이에요.

What's up?은 친한 사람에게 하는 인사 표현이에요. 여기에는 '요즘 어때?'와 '뭐해?'의 의미도 포함되어 있어요.

160 무슨 일이에요?

MP3 20-160

What happened?라는 표현이 '무슨 일이야?'라는 뜻을 가졌다는 걸 모르는 사람은 없을 거예요. 그런데 비슷한 뜻을 가진 단어도 많답니다. 어떤 것들이 있는지 알아볼게요.

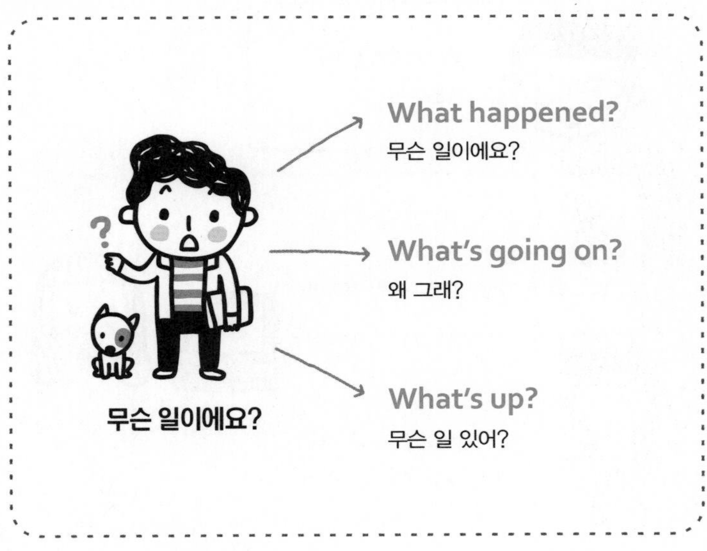

You look so happy. What happened?
광장히 즐거워 보인다. 무슨 일 있어?

Are you still up? What's going on?
아직도 안 자? 무슨 일 있어?

Why are you in a hurry? What's up?
왜 이렇게 서둘러? 무슨 일 있어?

무슨 문제 생겼어요? / 무슨 일 있어요?

상대방의 상황이 안 좋아 보이거나, 무슨 일이 있는 건 아닌지 궁금할 때 물어볼 수 있는 표현들에 대해 알아볼게요.

What's your problem?
무슨 문제 생겼어요?

What's wrong with you?
무슨 일 있어요?

What's eating you?
무엇을 고민하는 중이에요?

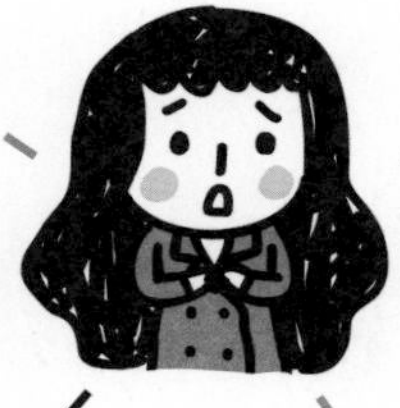

What's troubling you?
무슨 문제라도 생겼어요?

What's bothering you?
무슨 문제라도 생겼어요?

I heard that you were sleepless last night. What's wrong with you?

네가 어젯밤에 잠을 못 잤다는 얘기를 들었어. 무슨 일 있는 거야?

You treat me like a stranger. What's your problem?

나를 낯선 사람처럼 취급하네. 무슨 문제 생겼어?

You're so upset. What's eating you?

너 굉장히 화나 보여. 무슨 고민이라도 있어?

You can't concentrate on reading. What's troubling you?

책 읽는 데 집중을 못 하네. 무슨 문제라도 있어?

You missed the test again. What's bothering you?

시험에 또 떨어졌네. 무슨 문제라도 생겼어?

먼저 나서서 상대를 돕고 싶다면 이렇게 말해보세요.

Can I help you?
내가 도와줄까요?

How can I help you?
내가 뭘 해줄 수 없을까요?

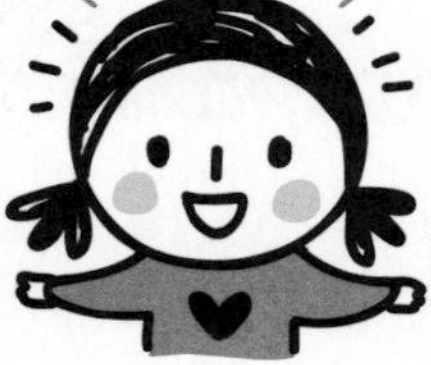

What can I do for you?
무엇을 도와드릴까요?

Can I help you?
내가 도와줄까요?
Yes, please. I lost my key.
응 부탁할게. 나 열쇠를 잃어버렸어.
Can I help you?
도와줄까요?
No, thank you.
아니에요. 괜찮아요.

How can I help you?
내가 도와줄까?

It's okay. My friend is coming.
괜찮아. 내 친구가 곧 온대.

What can I do for you?
무엇을 도와드릴까요?

I'd like to meet the manager.
매니저님을 좀 뵙고 싶어요.

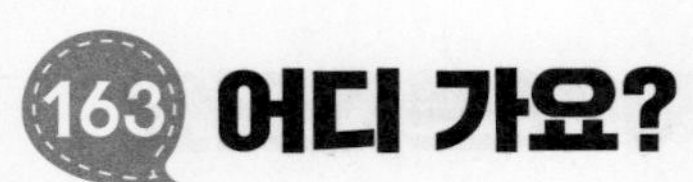

163 어디 가요?

MP3 20-163

Where와 go를 함께 쓰면 '어디 가?'라고 물어볼 수 있어요. 그렇다면 '지금 어디 가?'나 '방금 어디 갔다 왔어?' 혹은 '이제 어디 갈거야?'라고 물어보려면 어떻게 해야 할까요?

어디 갔었어요?

Where have you been?

상대방이 오랫동안 어디를 갔다 와서 돌아왔을 때 물어보는 말이에요.

지금 어디 가요?

Where are you going?

Where are you heading?

상대방이 어딘가를 가기 위해 준비하거나 가기 전일 때 물어보는 말이에요.

어디에요?

Where are you?

단순하게 상대방이 어디있는지 물어볼 때 하는 말이에요.

뭐라고 하는지 모르겠어요

상대방이 무슨 말을 하는지 모르거나, 이해가 안 돼서 다시 한 번 말해달라고 하거나 설명해달라고 할 때가 있을 거예요. MP3 20-164

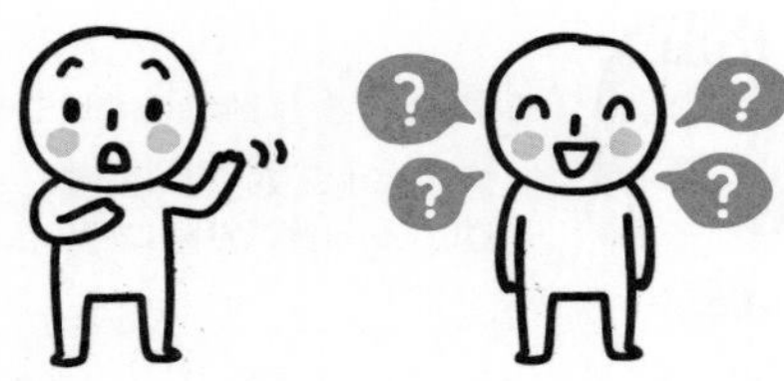

I don't know + what you're talking about.

네가 무슨 말을 하는 건지 모르겠어.

I don't understand + what you're talking about.

네가 무슨 말을 하는 건지 이해를 못했어.

I don't know + what you're saying.

네가 무슨 말을 하는지 모르겠어.

I don't understand + what you're saying.

네가 무슨 말을 하는지 이해를 못했어.

I don't know + what you mean.

무슨 뜻인지 모르겠어.

I don't understand + what you mean.

무슨 뜻인지 이해를 못하겠어.

Can you just explain it?
이것 좀 설명해줄래요?

I don't know what you mean.
무슨 말인지 이해를 못했어요.

Never mind.
괜찮아요.

165 다시 한 번 말해 줄래요?

MP3 20-165

'무슨 말인지 모르겠다면 다시 한 번 말해달라고 부탁하면 돼요!

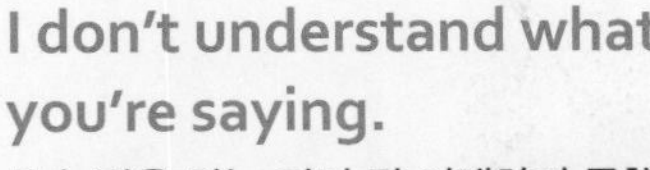

I don't understand what you're saying.

무슨 말을 하는 건지 잘 이해하지 못했어.

Can you say it again?

다시 한 번 말해 줄래?

166 뭐라고 하는 거예요? (모르는 척)

MP3 20-166

원래는 알고 있지만, 상대방에게 잘 모르니까 자세하게 설명해달라고 하는 척 할 때 쓰는 말이에요. 이럴 때는 보통 I don't know what you mean이라고 해요!

My friend saw you going to the movie with another girl.
네가 다른 여자랑 영화 보러 가는 걸 내 친구가 봤대.

I don't know what you mean.
지금 뭐라고 하는 거야?

167 무슨 뜻이에요?

MP3 20-167

이번에는 정말 모를 때에요. 우리가 잘 모를 때는 보통 '무슨 뜻이야?'라고 물어볼 거예요. 영어로는 어떻게 표현하는지 알아볼게요.

PART 20 자주 쓰는 문장과 표현

'이건 무슨 뜻이야?'라고 물어볼 수도 있어요.

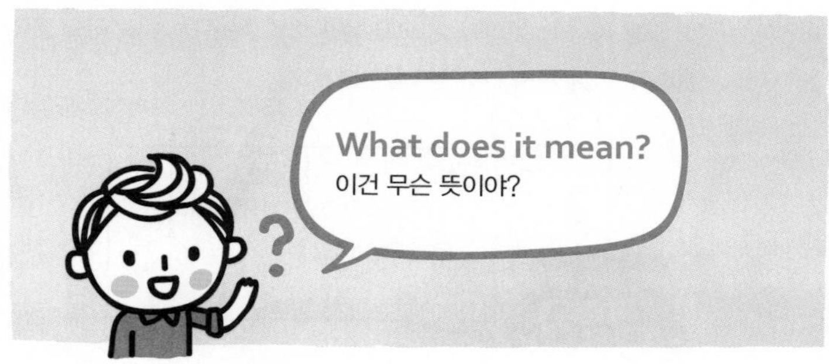

You're talking about Mind Map. What does it mean?
마인드맵에 대해 말하고 있는데,
이게 무슨 뜻이야?

이해하지 못한 것을 직접적으로 이야기하는 방법도 있어요.

What do you mean by + 이해를 못 한 것?

네가 말한 …는 무슨 뜻이야?

I want to be alone.

나 혼자 있고 싶어.

What do you mean by "be alone"?

'혼자 있고 싶다'는 게 무슨 뜻이야?

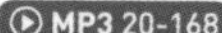

…좀 빌릴 수 있을까?

모르는 사람에게 필요한 물건을 빌려달라고 물어보는 건 이상한 게 아니에요. 하지만 물어볼 때는 반드시 예의를 지켜야겠죠? 영어에서도 마찬가지에요. 도움을 요청할 때마다 please를 넣는 것을 잊지 말아요!

Can I borrow…, please?
…좀 빌릴 수 있을까요?

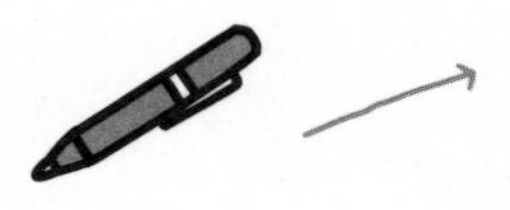

Can I borrow your pen, please?
볼펜 좀 빌릴 수 있나요?

Can I borrow your money, please?
돈 좀 빌릴 수 있나요?

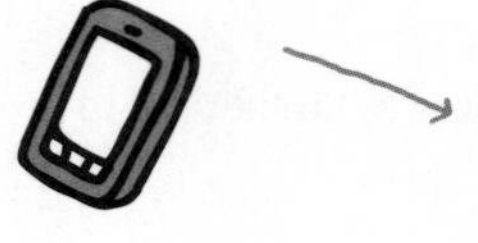

Can I borrow your cell phone, please?
핸드폰 좀 빌릴 수 있나요?

…좀 전해줄 수 있어?

MP3 20-169

상대방에게 무언가를 가져다 달라거나 전달해 달라고 말할 때 반드시 Could you please...로 시작해서 예의를 갖춰야 해요. 그 후 hand me나 get me라며 달라는 뜻을 전합니다.

Could you please hand me…?
…좀 가져다줄 수 있어?

Could you please get me…?
…좀 전해줄 수 있어?

…좀 가져다줄 수 있어?

Could you please hand me the scissors?
가위 좀 가져다줄 수 있어?

Could you please hand me that box?
저 상자 좀 가져다줄 수 있어?

Could you please get me the key?
열쇠 좀 가져다줄 수 있어?

Could you please get me the coffee?
커피 좀 가져다줄 수 있어?

170 …알아요?

MP3 20-170

영어에서 알다와 이해하다의 뜻을 가진 단어는 know에요. 만약에 상대방에게 뭔가를 알고 있는지 물어보고 싶다면 Do you know 용법을 사용하면 됩니다. 예를 들어볼게요.

Do you know + 물어보고 싶은 것?

…대해 아세요?

Do you know the Victory Monument?

전승기념탑에 대해 아세요?

Do you know Billy?

너 Billy를 알아?

is?

Do you know where + 장소 + is?

…가 어딘지 아세요?

Do you know where ABC temple is?

ABC 사원이 어디 있는지 아세요?

Do you know where the parking lot is?

주차장이 어디 있는지 아세요?

is?

Do you know how far + 장소 + is?

…가 얼마나 먼지 아세요?

Do you know how far Bongeunsa is?

봉은사가 얼마나 먼지 아세요?

Do you know how far the coffee shop is?

커피숍이 얼마나 먼지 아세요?

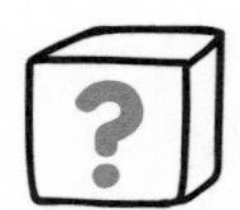

Do you know what + 사물 + is?
…가 무엇인지 아세요?

Do you know what coconut milk is?
코코넛 밀크가 무엇인지 아세요?

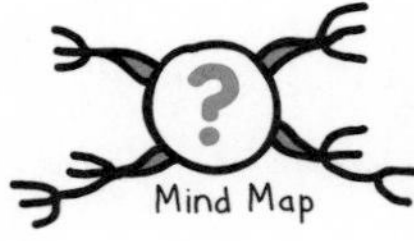

Do you know what Mind Map is?
마인드맵이 무엇인지 아세요?

Do you know who + 사람 + is?

…가 누구인지 아세요?

Do you know who Tony is?

Tony가 누구인지 아세요?

Do you know who his father is?

그의 아버지가 누구인지 아세요?

파본이나 내용상 오류 등 책에서 발견한 문제점을 알려주시면 독자 여러분을 위해 다음 재판 인쇄판에서 수정하겠습니다. 책에 관한 비평이나 칭찬의 말도 아래 연락처로 보내주시기 바랍니다.

홈페이지 www.hyejiwon.co.kr

블로그 blog.naver.com/hyejiwon9221

페이스북 www.facebook.com/hyejiwon9221